PARIS POUR TOUS

ATLAS CONTENANT
48 PLANCHES en COULEUR

Promenades dans la Ville et ses Environs

PARIS, SA VIE ET SON PASSÉ

Texte par Edward Jefford

COLLECTION GALLIA

· COLLECTION · GALLIA ·
· COLLECTION · GALLIA ·

COLLECTION
GALLIA

COLLECTION
GALLIA

NOTES DU PROMENEUR

COLLECTION GALLIA

Paris Pour Tous

« . . . J'étais alors en quartier d'hiver auprès de
ma chère Lutèce . . . c'est un îlot jeté sur le fleuve
qui l'enveloppe de toutes parts: des ponts de bois
y conduisent des deux côtés: le fleuve diminue ou
grossit rarement . . . l'eau qu'il fournit est très
agréable et très limpide à voir et à qui veut boire.
. . . Les habitants de ce pays ont de plus tièdes
hivers. Il y pousse de bonnes vignes. . . . Cette
année-là, l'hiver était plus rude que de coutume:
le fleuve charriait comme des plaques de marbre . . . »

JULIEN L'APOSTAT, 363.
(*Traduit du Misopogon.*)

« . . . Placée au milieu de la Seine et du riche
royaume des Français, tu t'élèves toi-même au rang
le plus sublime, en chantant: « Je suis une cité qui
brille comme une reine entre toutes les autres » . . .
Une île se réjouit de te posséder. Le fleuve, de ses
deux bras arrondis, embrasse et caresse tes murs, et
ses eaux habitent sous des ponts qui, à droite et à
gauche, ferment tes remparts. »

ABBON, MOINE DE ST.-GERMAIN-DES-PRÉS, 850-923.
(*Traduit de son poème latin sur le siège de Paris
par les Normands.*)

« . . . Plus j'ay veu, depuis, d'aultres villes belles,
plus la beauté de cette cy peult et gaigne sur mon
affection . . . : je ne suis François que par cette
grande cité, grande en peuples, grande en felicité de
son assiette; mais surtout grande et incomparable
en varieté, et diversité de commoditez; la gloire de
la France, et l'un des plus nobles ornements du
monde. »

MONTAIGNE.
(*Essais, Livre III, chap. ix.*)

PARIS POUR TOUS

ATLAS par J. G. BARTHOLOMEW, LL.D.

TEXTE par EDWARD JEFFORD

48
PLANCHES

EN
COULEURS

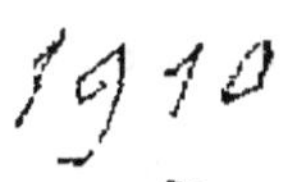

PARIS: J. M. DENT ET FILS
LONDON & TORONTO
J. M. DENT & SONS LIMITED
NEW YORK: E. P. DUTTON & CO.

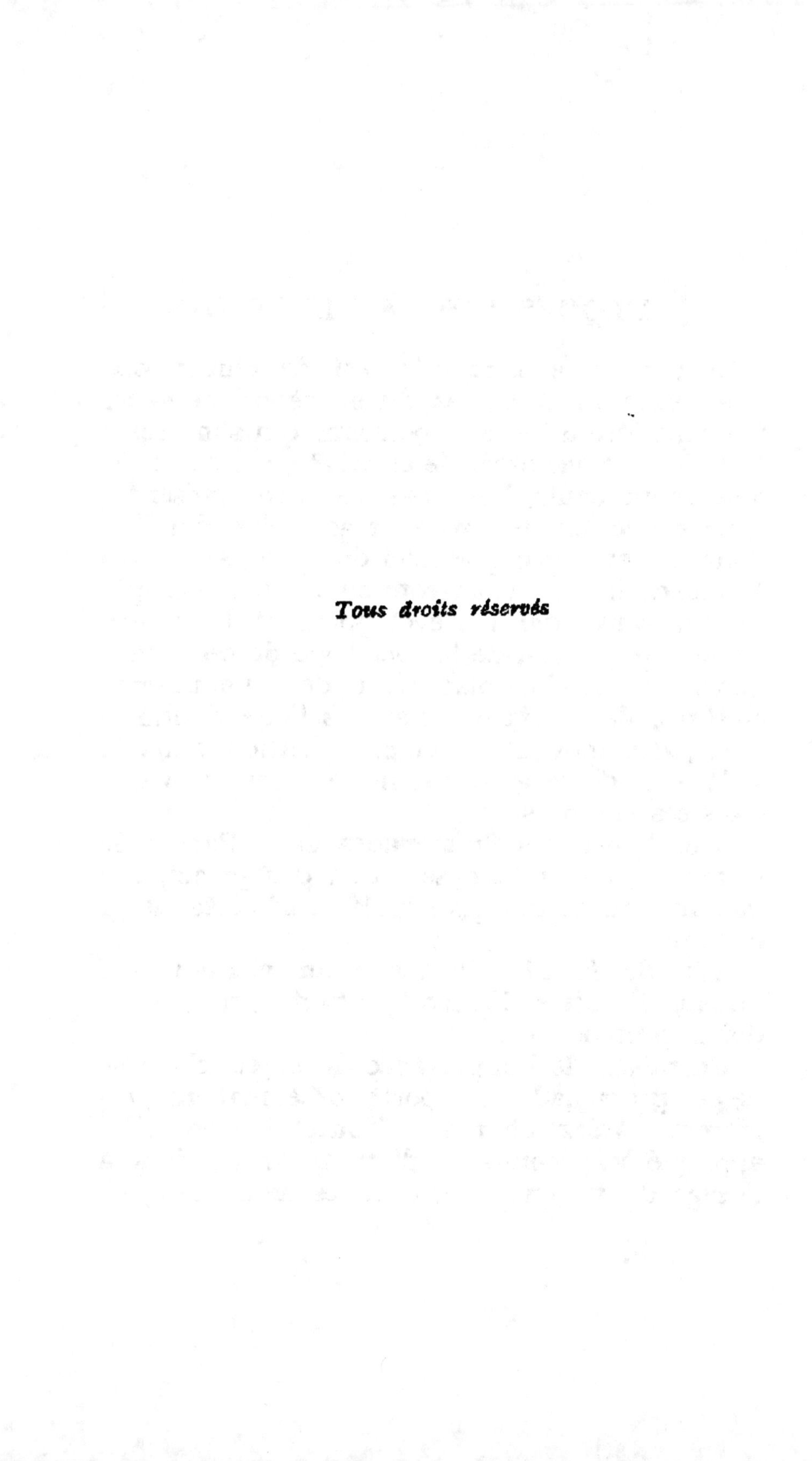

QUELQUES MOTS AU LECTEUR

Le but de ce petit livre est de réunir sous une forme pratique les divers renseignements pouvant être utiles à la personne qui s'intéresse à Paris, à sa vie officielle et privée, à ses rues et à ses monuments, à son passé et à son présent.

Sa collection de cartes et son plan détaillé, dont l'index, ainsi que celui du texte, se trouve à la fin du livre, permettront de se rendre compte par un coup d'œil du développement de Paris à travers les siècles, de la sociologie de ses divers quartiers, de l'emplacement des monuments célèbres, des théâtres et autres lieux d'amusement, des moyens de communication dans la ville — et de se guider dans ses rues ainsi que dans ses environs.

Sous l'en-tête « Promenades dans Paris », le lecteur trouvera la description des principaux monuments et des principales curiosités de la capitale.

Afin de faciliter la tâche du visiteur, ces différents objets d'intérêt ont été groupés en douze promenades.

En raison de l'importance du sujet, chacune de ces promenades comporte forcément un programme assez chargé. Toutefois, on s'est appliqué à les composer d'une façon pratique à l'usage du visiteur pressé, et les heureuses personnes dont le temps n'est pas sévèrement limité pourront facilement les subdiviser en accordant aux principaux musées et monuments l'attention reposée que chacun d'eux mérite.

Paris n'ayant pas encore repris sa vie normale depuis la cessation des hostilités, certains des renseignements (quant aux hôtels, autobus, etc.) ne peuvent pas être aussi précis qu'on le voudrait ; toutefois, ces détails seront mis au point dans la prochaine édition lorsque cet état de choses exceptionnel aura disparu.

A ce sujet, l'éditeur sera heureux de recevoir les suggestions que les lecteurs voudront bien lui faire parvenir ; une page blanche a été ménagée au commencement du volume dans le but de permettre d'y noter des observations.

Paris est un sujet bien vaste, ce livre est bien petit — mais si, rendant quelque service par ses plans et son texte, il parvient également à éveiller parfois un intérêt plus vif pour la ville et son peuple, un désir plus grand de mieux les étudier pour les connaître mieux, ce petit livre aura atteint son but.

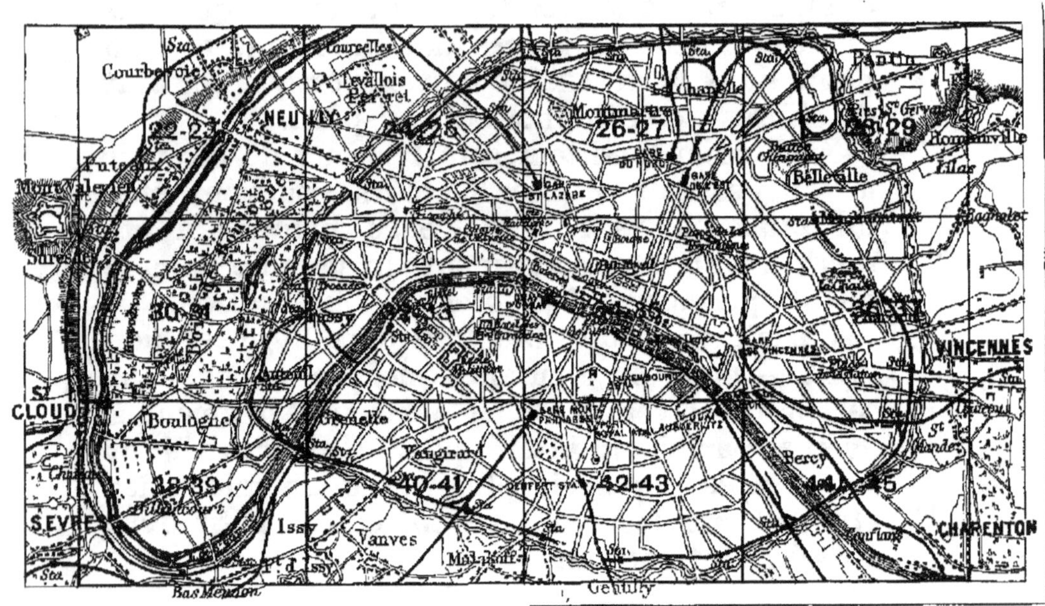

Courbevoie
Sta
Courcelles
Levallois Perret
NEUILLY
24-25
Montmartre
26-27
La Chapelle
Sta
Pantin
Butes St Gervais
28-29
Romainville
22-23
Parc Chaumont
Belleville
Lilas
Futeaux
Mont Valerien
Sta
Bagnolet
Suresnes
La Bourse
Sta
30-31
BOIS
Auteuil
36-37
Parc Vincennes
VINCENNES
St CLOUD
Boulogne
Grenelle
Luxembourg
38-39
SEVRES
Billancourt
Vangirad
40-41
42-43
Bercy
44-45
St Mandé
Issy
Vanves
CHARENTON
Bas Meudon
Malakoff
Gentilly
Soufans
Les numéros rouges représent les pages de l'Atlas
Bartholomew

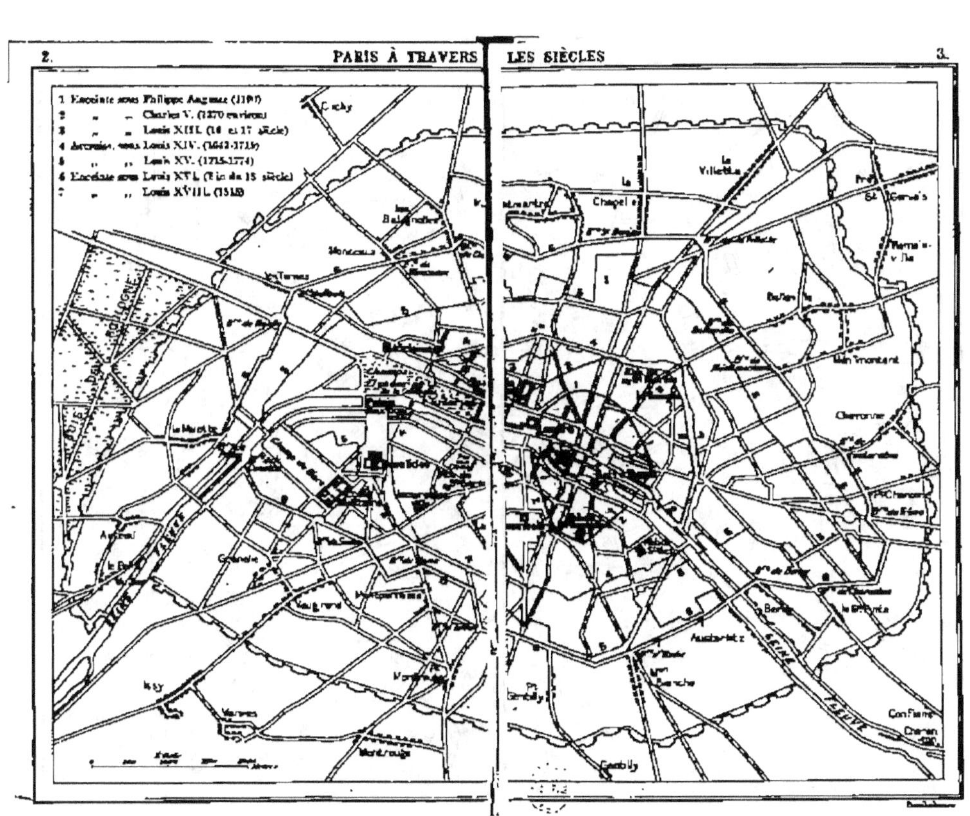

1 Enceinte sous Philippe Auguste (1190)
2 „ „ Charles V. (1370 environ)
3 „ „ Louis XIII. (16 et 17 siècle)
4 Accroiss. sous Louis XIV. (1643-1715)
5 „ „ Louis XV. (1715-1774)
6 Enceinte sous Louis XVI. (Fin du 18 siècle)
7 „ „ Louis XVIII. (1818)

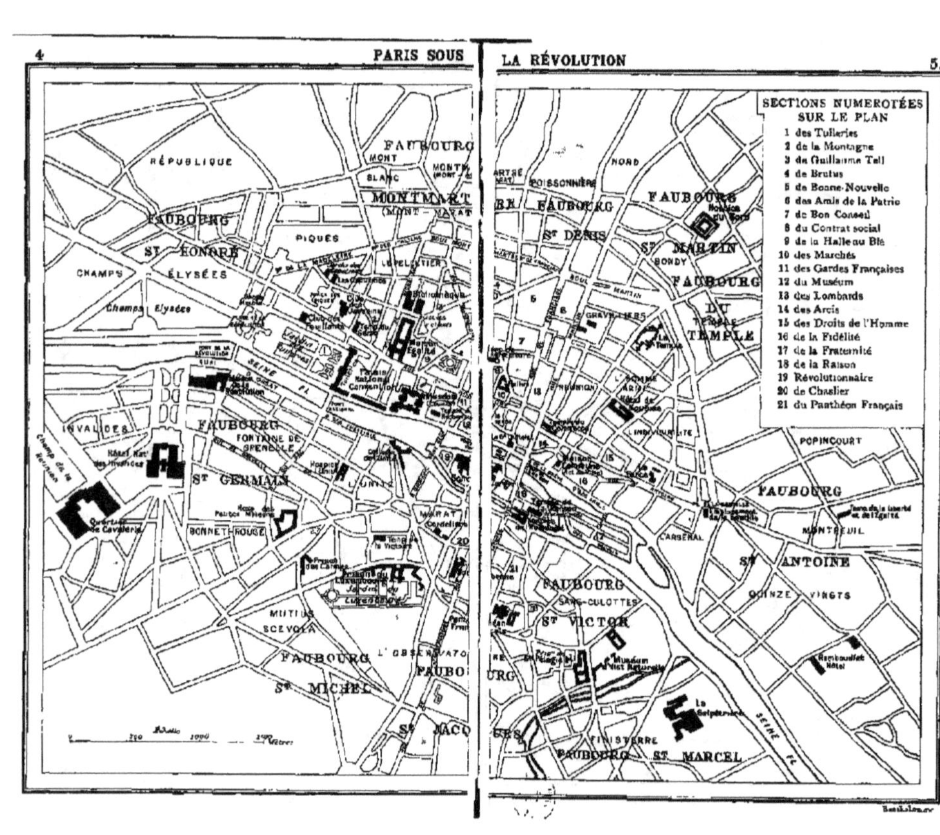

SECTIONS NUMEROTÉES
SUR LE PLAN
1 des Tuileries
2 de la Montagne
3 de Guillaume Tell
4 de Brutus
5 de Bonne-Nouvelle
6 des Amis de la Patrie
7 de Bon Conseil
8 du Contrat social
9 de la Halle au Blé
10 des Marchés
11 des Gardes Françaises
12 du Muséum
13 des Lombards
14 des Arcis
15 des Droits de l'Homme
16 de la Fidélité
17 de la Fraternité
18 de la Raison
19 Révolutionnaire
20 de Chaslier
21 du Panthéon Français
RÉPUBLIQUE
FAUBOURG
MONT BLANC
MONTM (MONT)
FAUBOURG ST HONORÉ
MONTMART (MONT-MARAT)
PIQUES
CHAMPS ÉLYSÉES
Champs Elysées
FAUBOURG ST DENIS
BONDY
FAUBOURG ST MARTIN
NORD
POISSONNIÈRE
FAUBOURG DU TEMPLE
MARTIN
GRAVILLIERS
SEINE
INVALIDES
FAUBOURG FONTAINE DE GRENELLE
Hôtel Nat des Invalides
Champ de la Réunion
Quartier de Cavalerie
ST GERMAIN
BONNET ROUGE
POPINCOURT
FAUBOURG MONTREUIL
ARSENAL
ST ANTOINE
QUINZE VINGTS
FAUBOURG SANG-CULOTTES ST VICTOR
MUTIUS SCEVOLA
FAUBOURG ST MICHEL
L'OBSERVATOIRE
FAUBOURG
Muséum Hist Naturelle
La Salpêtrière
SEINE
FINISTERRE
FAUBOURG ST MARCEL
ST JACQUES

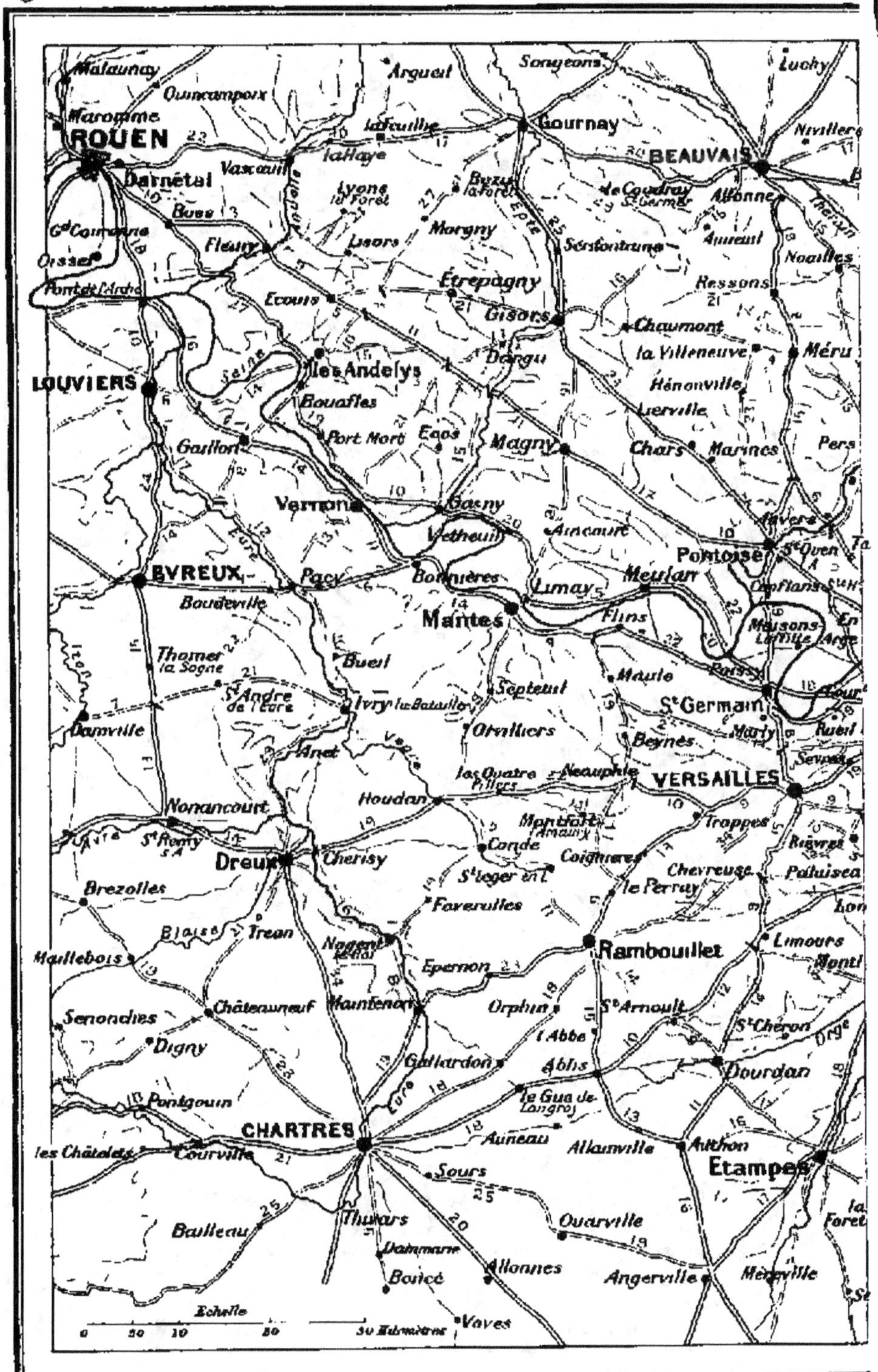

BLANC = au dessus de 300 mètres

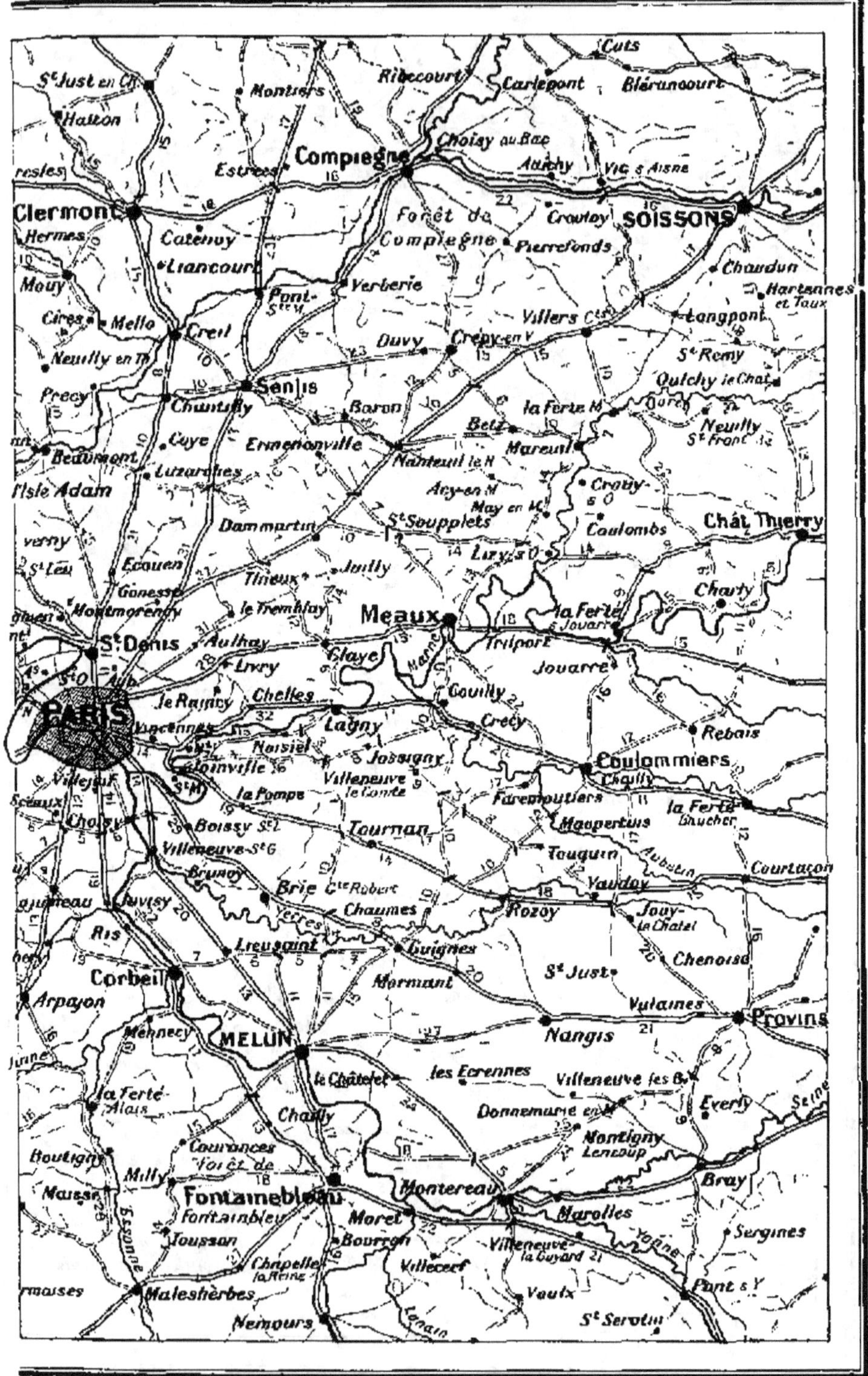
Cuts
St Just en Ch.
Montiers
Ribecourt
Carlepont
Blérancourt
Hatton
Choisy au Bac
restes
Estrées
Compiègne
Aachy
Vic s Aisne
Clermont
Forêt de
Croutoy
SOISSONS
Hermes
Compiègne
Pierrefonds
Catenoy
Chaudun
Liancourt
Hartennes
et Taux
Mouy
Pont
Verberie
Villers Cts
Longpont
Cires
Mello
St Remy
Neuilly en Th
Creil
Duvy
Crépy-en-V
Ouchy le Chat
Précy
Senlis
Ource
Neuilly
Chantilly
Baron
la Ferté M
St Front
Cuye
Ermenonville
Betz
Mareuil
Beaumont
Luzarches
Nanteuil le H
Crouy
l'Isle Adam
Arcy-en-M
May en Mc
Coulombs
Chât Thierry
verny
Dammartin
St Soupplets
Lizy s O
St Leu
Ecouen
Tilleux
Juilly
Charly
Gonesse
le Tremblay
Meaux
la Ferté
Montmorency
Jouarre
St Denis
Aulnay
Claye
Trilport
Jouarre
Livry
Manne
le Rainy
Chelles
Gouilly
PARIS
Lagny
Crécy
Vincennes
Noisiel
Rebais
Villejuif
Joinville
Jossigny
Coulommiers
St M
Villeneuve
Chailly
Sceaux
la Pompe
le Comte
Faremoutiers
la Ferté
Choisy
Tournan
Maupertuis
Gaucher
Boissy St L
Courtaçon
Villeneuve St G
Tauquin
Brunoy
Brie Cte Robert
Vaudoy
Juvigny
Chaumes
Rozoy
Jouy
Ris
Yerres
la Chatel
Chenoise
Lieusaint
Guignes
St Just
Corbeil
Mormant
Vulaines
Arpajon
Provins
Mennecy
Nangis
MELUN
le Châtelet
les Ecrennes
Villeneuve les B.
la Ferté
Donnemarie en
Everly
Seine
Alais
Chailly
Montigny
Boutigny
Courances
Lencoup
Milly
Forêt de
Bray
Maisse
Fontainebleau
Montereau
Marolles
Fontainbleu
Moret
Sergines
Boisson
Bourron
Villeneuve
Chapelle
la Guyard
Yonne
la Reine
Villecerf
Pont s Y
maisses
Malesherbes
Vaulx
St Serotin
Nemours
Lenain

CHAMPIGNONS
HORTICULTEURS
MONTMOREN
PLÂTRE
ARGENTEUIL
MARAÎCHERS
POISSONS
MEULAN
POISSY
Usines
Métallurgiques
VILLÉGIATURES
St GERMAIN
EN-LAYE
HORTICULTEURS
St CLOUD
Horticulteurs
VERSAILLES
VILLÉGIATURES
Bellevue de Meudon
Bois de Meudon
CARRIÈRES
SCEAUX
Fraises
Palaiseau
CHEVREUSE
LIMOURS
Orsay
Échelle
0 5 10 15 Kilomètres

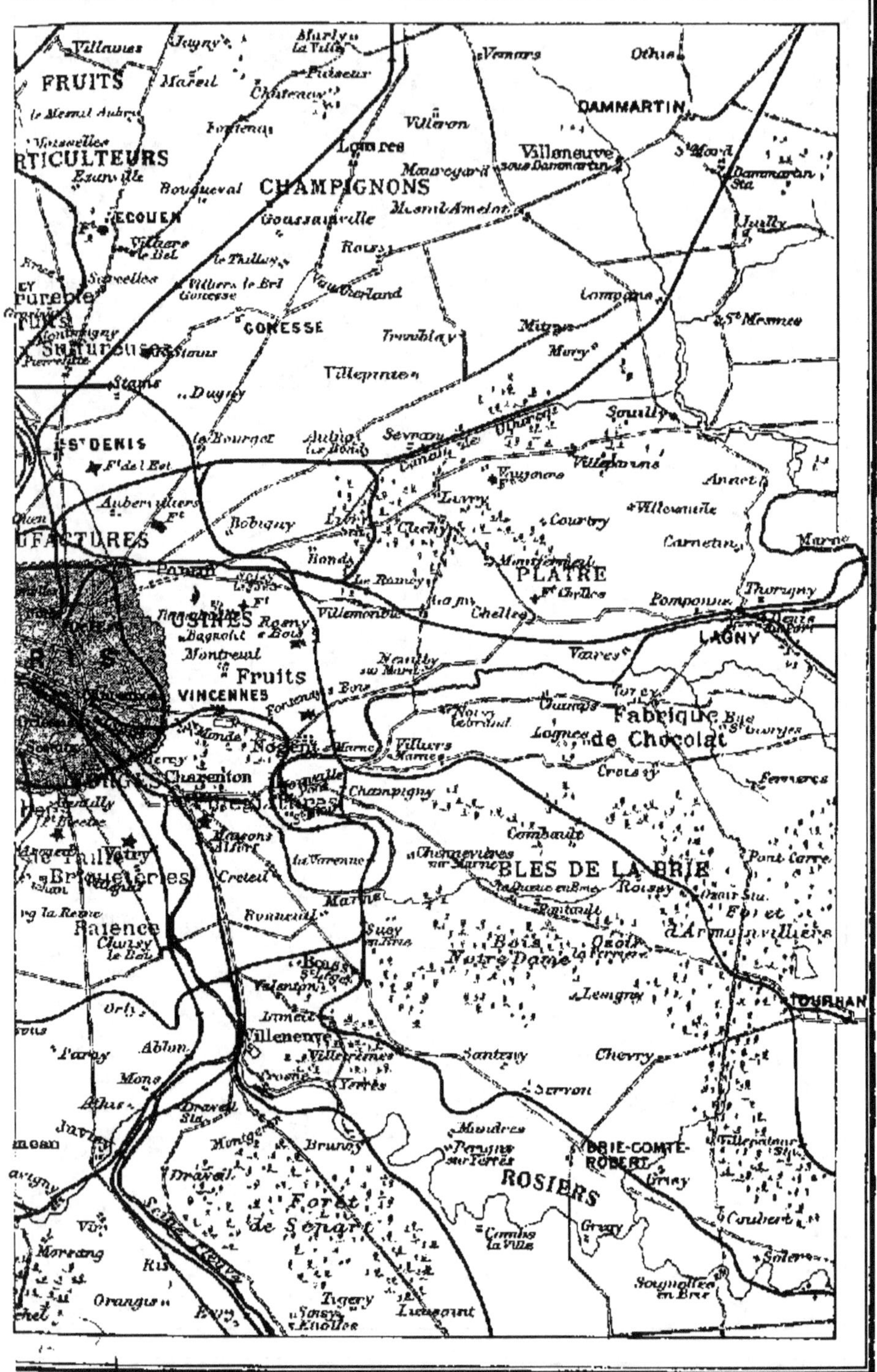

FRUITS
HORTICULTEURS
CHAMPIGNONS
DAMMARTIN
Villeneuve
sous Dammartin
ECOUEN
Goussainville
GONESSE
VILLON
St DENIS
MANUFACTURES
PARIS
USINES
VINCENNES
Fruits
Charenton
PLATRE
LAGNY
Fabrique
de Chocolat
Faïence
BLES DE LA BRIE
Villeneuve
ROSIERS
Forêt
de Sénart
BRIE-COMTE-ROBERT
TOURNAN
Bois
Notre Dame
Bartholomew

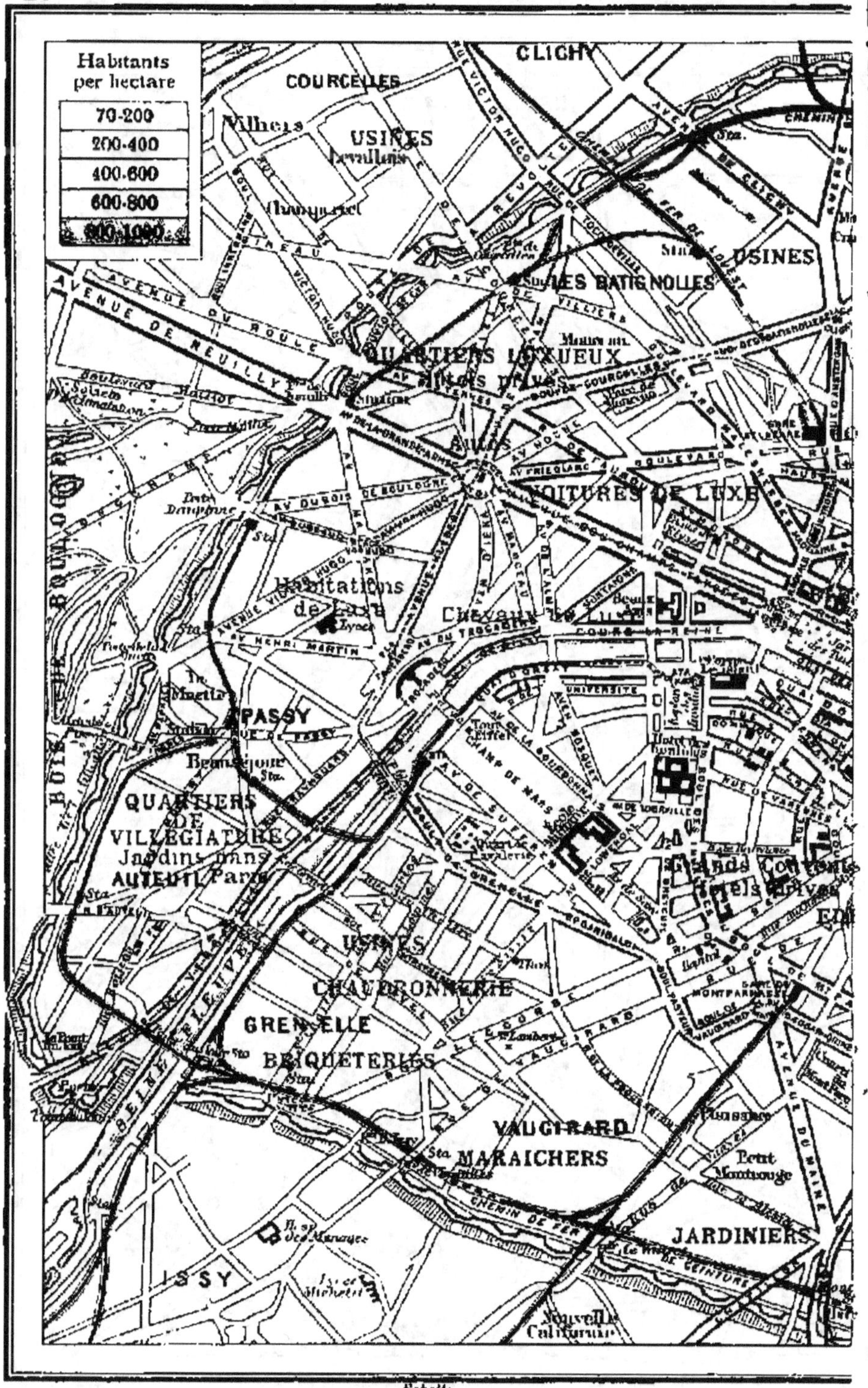

Habitants par hectare
70-200
200-400
400-600
600-800
800-1000
CLICHY
COURCELLES
USINES
Villiers
Levallois
Champerret
LES BATIGNOLLES
USINES
QUARTIERS LUXUEUX
Hôtels privés
AVENUE DU ROULE
AVENUE DE NEUILLY
Boulevard
Bois de Boulogne
VOITURES DE LUXE
COURS-LA-REINE
UNIVERSITÉ
Habitations de Luxe
Chevaux de Luxe
PASSY
Tour Eiffel
CHAMP DE MARS
QUARTIERS DE VILLÉGIATURE
Jardins dans Parc
AUTEUIL
Grands Hôtels privés
USINES
CHAUDRONNERIE
GRENELLE
BRIQUETERIES
SEINE FLEUVE
VAUGIRARD
Sta. MARAICHERS
JARDINIERS
ISSY
Nouvelle Californie
AVENUE DU MAINE
Petit Montrouge
Échelle
0   500   1000   2000   3000 Mètres

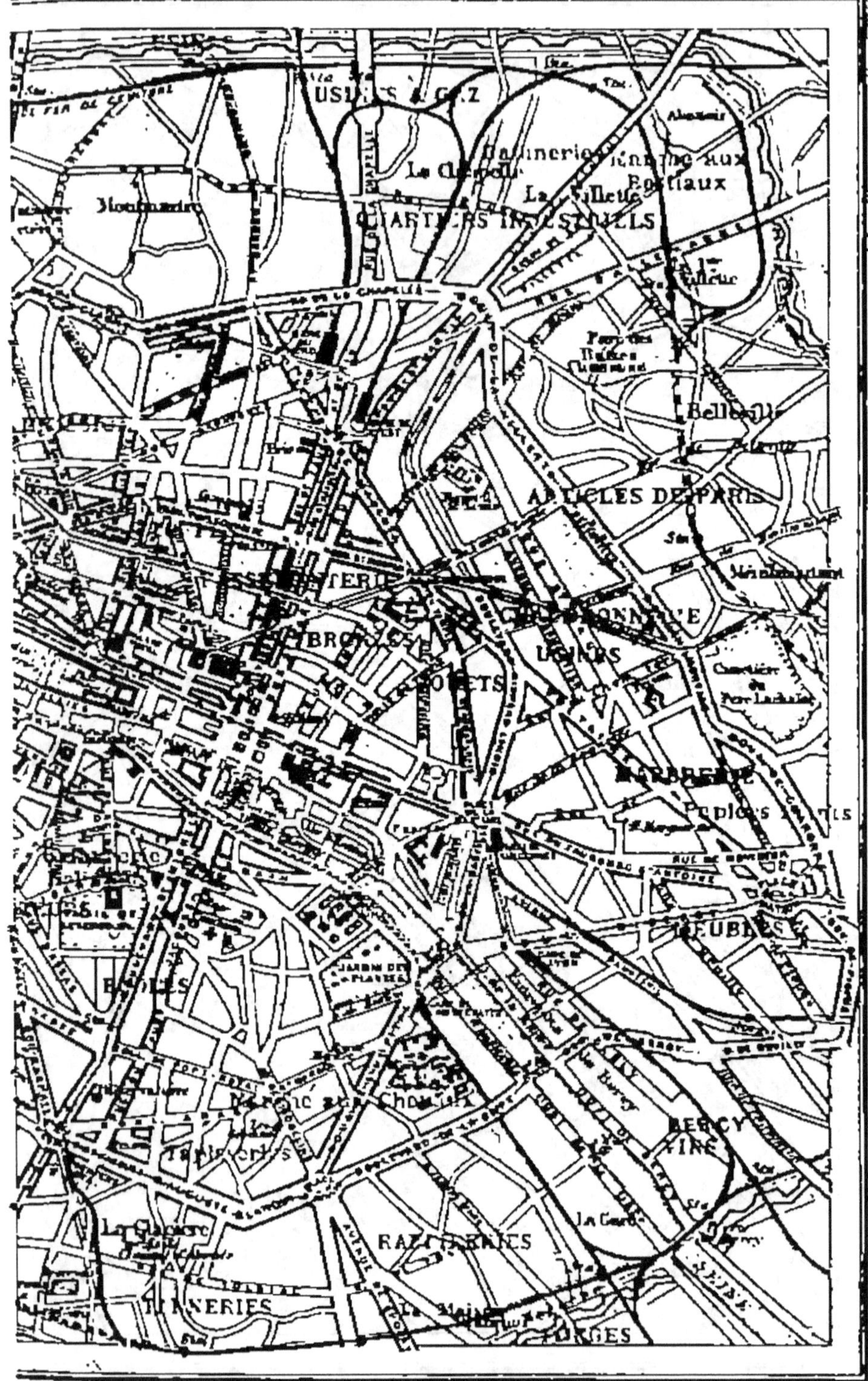

USINES A GAZ
Raffinerie
Le Chapelle
La Villette
Entrepôt aux Bestiaux
QUARTIERS INDUSTRIELS
Belleville
ARTICLES DE PARIS
Ménilmontant
Cimetière du Père Lachaise
Papiers
MEUBLES
JARDIN DES PLANTES
Marché aux Chevaux
BERCY
VINS
RACCORDS
TANNERIES
FORGES

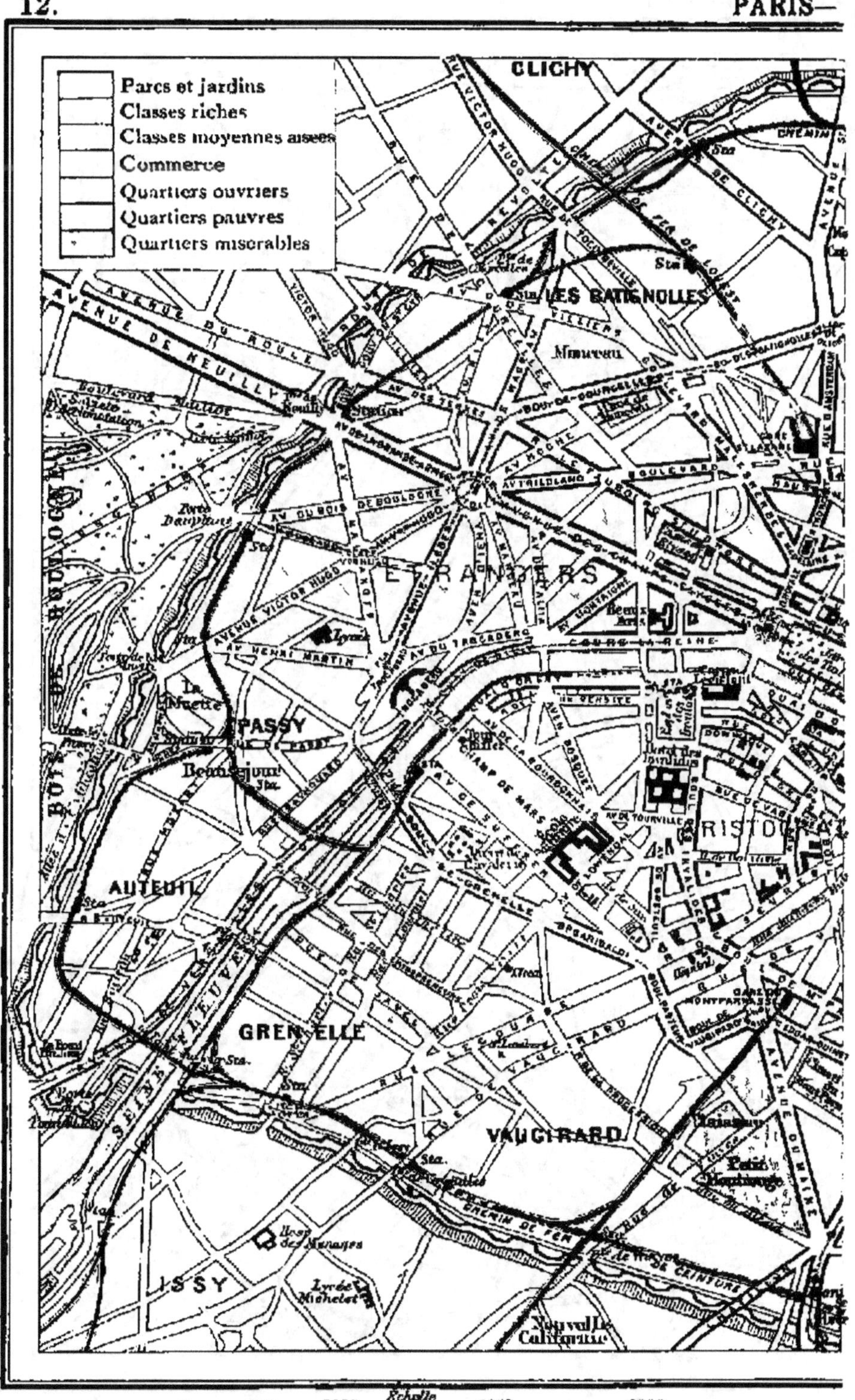
Parcs et jardins
Classes riches
Classes moyennes aisées
Commerce
Quartiers ouvriers
Quartiers pauvres
Quartiers misérables
CLICHY
LES BATIGNOLLES
AVENUE DE NEUILLY
AVENUE DU ROULE
BOIS DE BOULOGNE
ÉTRANGERS
PASSY
AUTEUIL
GRENELLE
VAUGIRARD
ISSY
Échelle
300 1000 2000 3000 Mètres

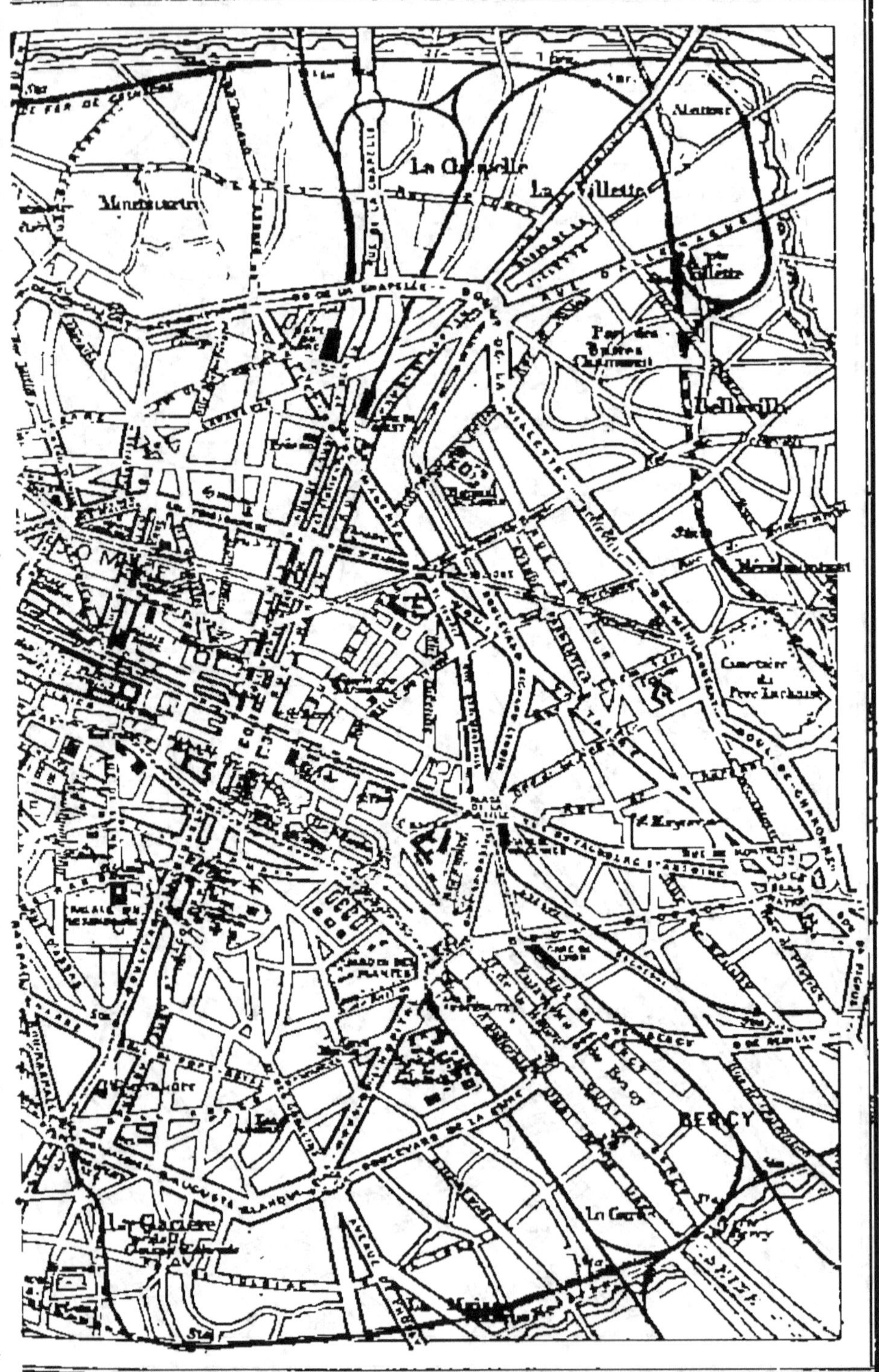
Montmartre
La Chapelle
La Villette
Belleville
Cimetière du Père-Lachaise
BERCY
La Glacière
La Gare

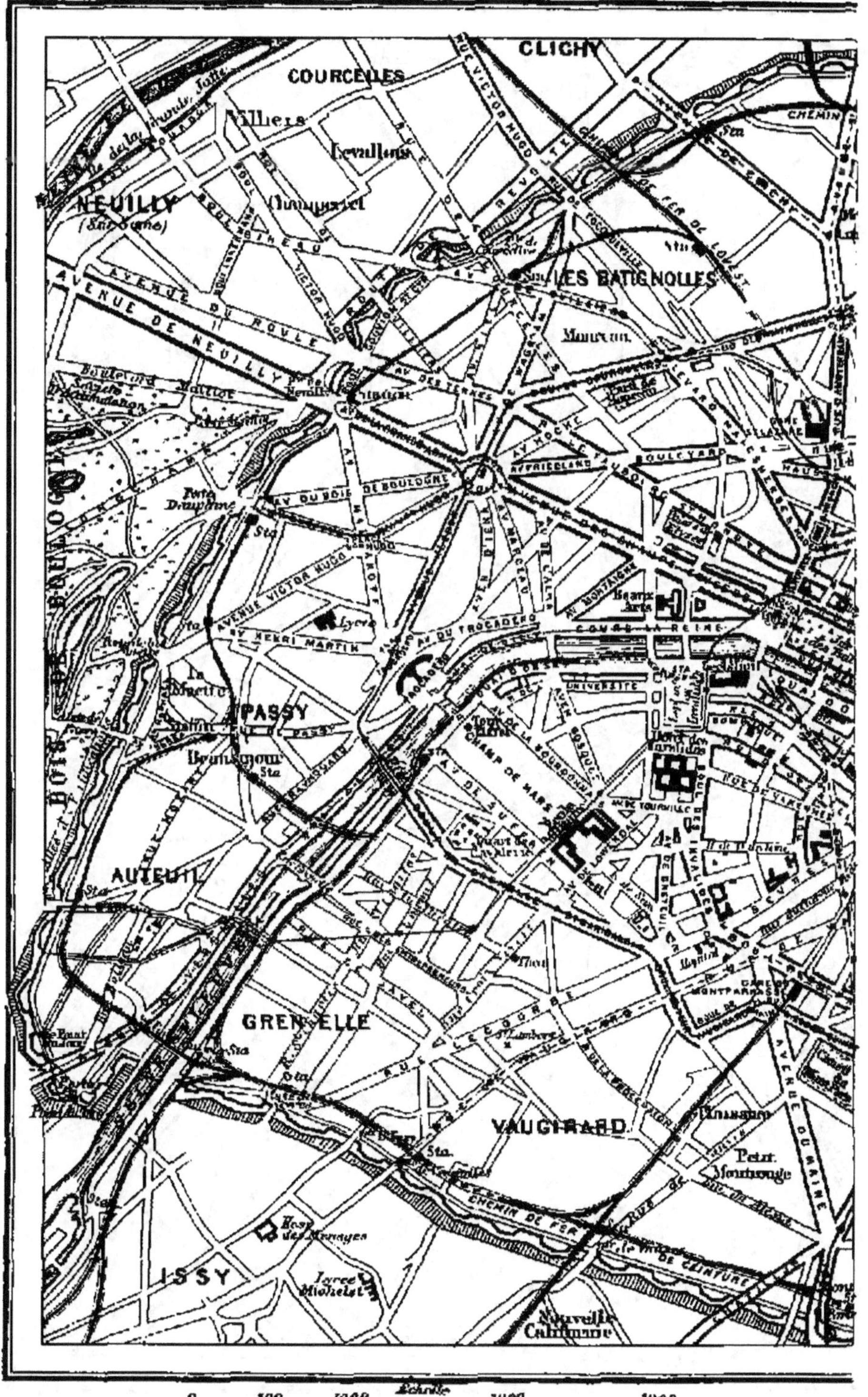

CLICHY
COURCELLES
Villers
Levallois
NEUILLY
(Sablonne)
LES BATIGNOLLES
AVENUE DE NEUILLY
AVENUE DU ROULE
Boulevard Maillot
BOIS DE BOULOGNE
AV DU BOIS DE BOULOGNE
AVENUE VICTOR HUGO
AV HENRI MARTIN
PASSY
QUAI DU TROCADERO
CHAMP DE MARS
COURS LA REINE
UNIVERSITÉ
AUTEUIL
GRENELLE
VAUGIRARD
Petit Montrouge
CHEMIN DE FER
ISSY
Lycée Michelet
Nouvelle Calmanne
Echelle
0   500   1000   2000   4000 Mètres

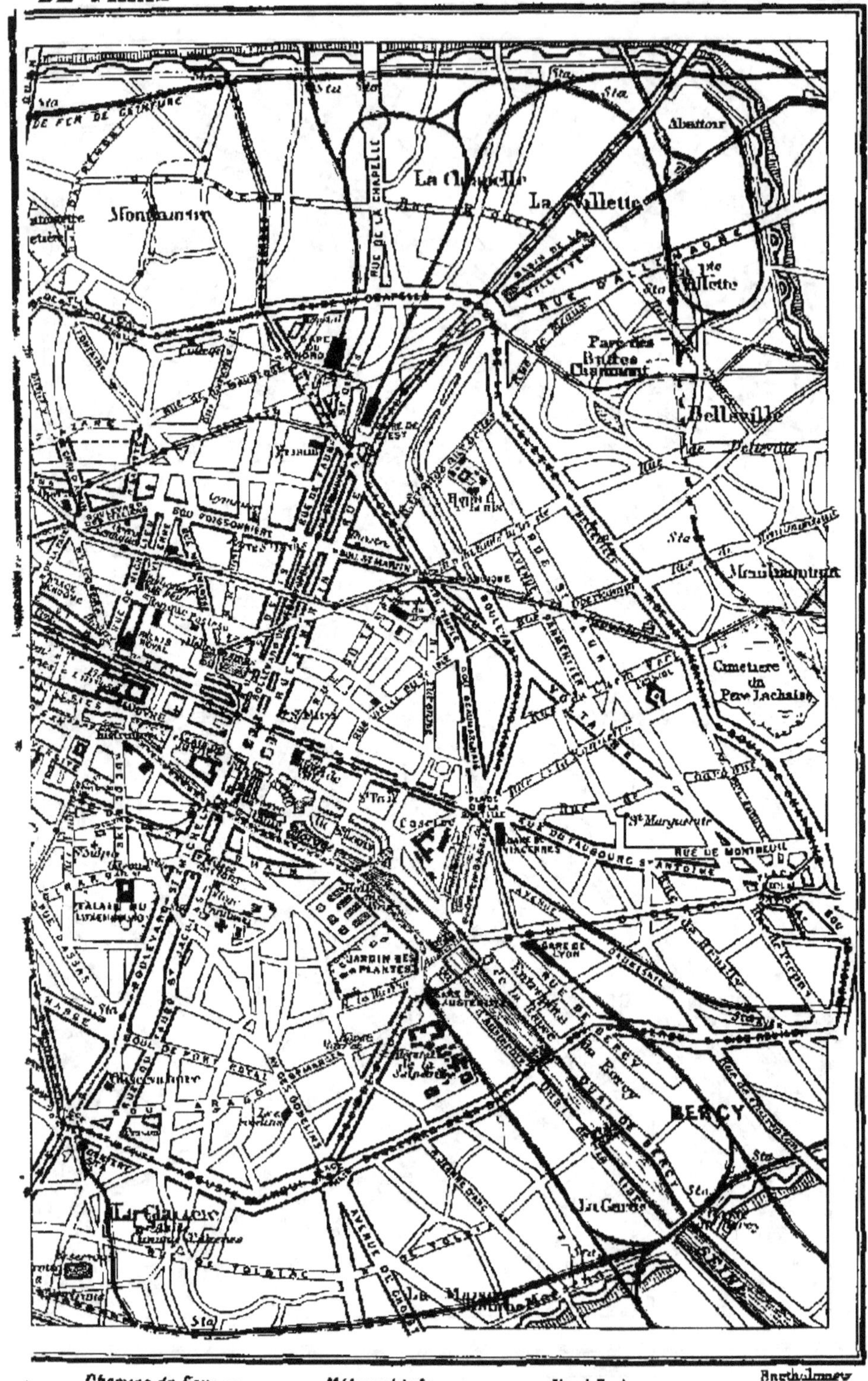

La Chapelle
La Villette
Montmartre
Parc des Buttes Chaumont
Belleville
Ménilmontant
Cimetière du Père Lachaise
Jardin des Plantes
Gare de Lyon
BERCY
RUE DE MONTREUIL

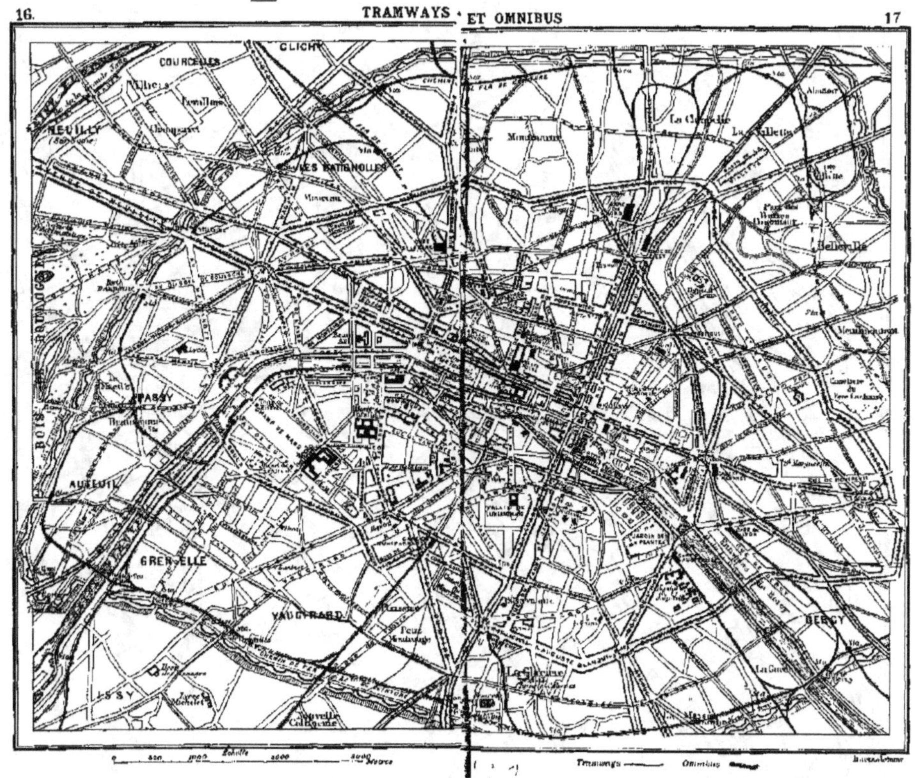
COURCELLES
CLICHY
Villiers
NEUILLY
(Sur Seine)
LES BATIGNOLLES
La Chapelle
La Villette
Ménilmontant
BOIS DE BOULOGNE
PASSY
Belleville
AUTEUIL
GRENELLE
VAUGIRARD
BERCY
ISSY
La Glacière
Echelle
Tramways
Omnibus
Mètres

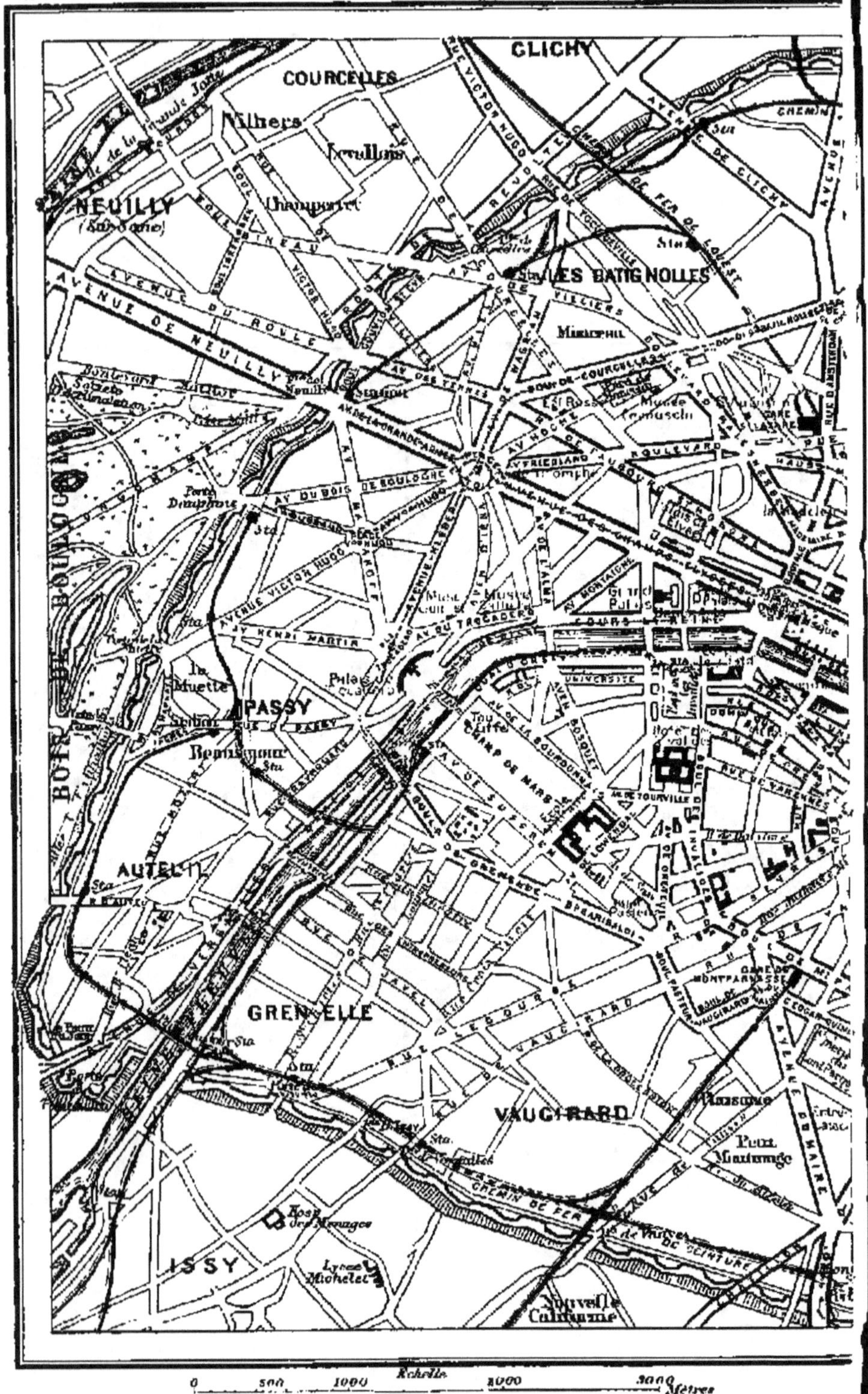

CLICHY
COURCELLES
Villiers
Levallois
NEUILLY
(Sablonville)
Champerret
LES BATIGNOLLES
AVENUE DE NEUILLY
AVENUE DU ROULE
BOIS DE BOULOGNE
AV DU BOIS DE BOULOGNE
AVENUE VICTOR HUGO
AV HENRI MARTIN
la Muette
PASSY
Ranelagh
AV DU TROCADERO
CHAMP DE MARS
AV DE SUFFREN
AUTEUIL
GRENELLE
VAUGIRARD
ISSY
Lycée Michelet
Échelle
0   500   1000   2000   3000 Mètres

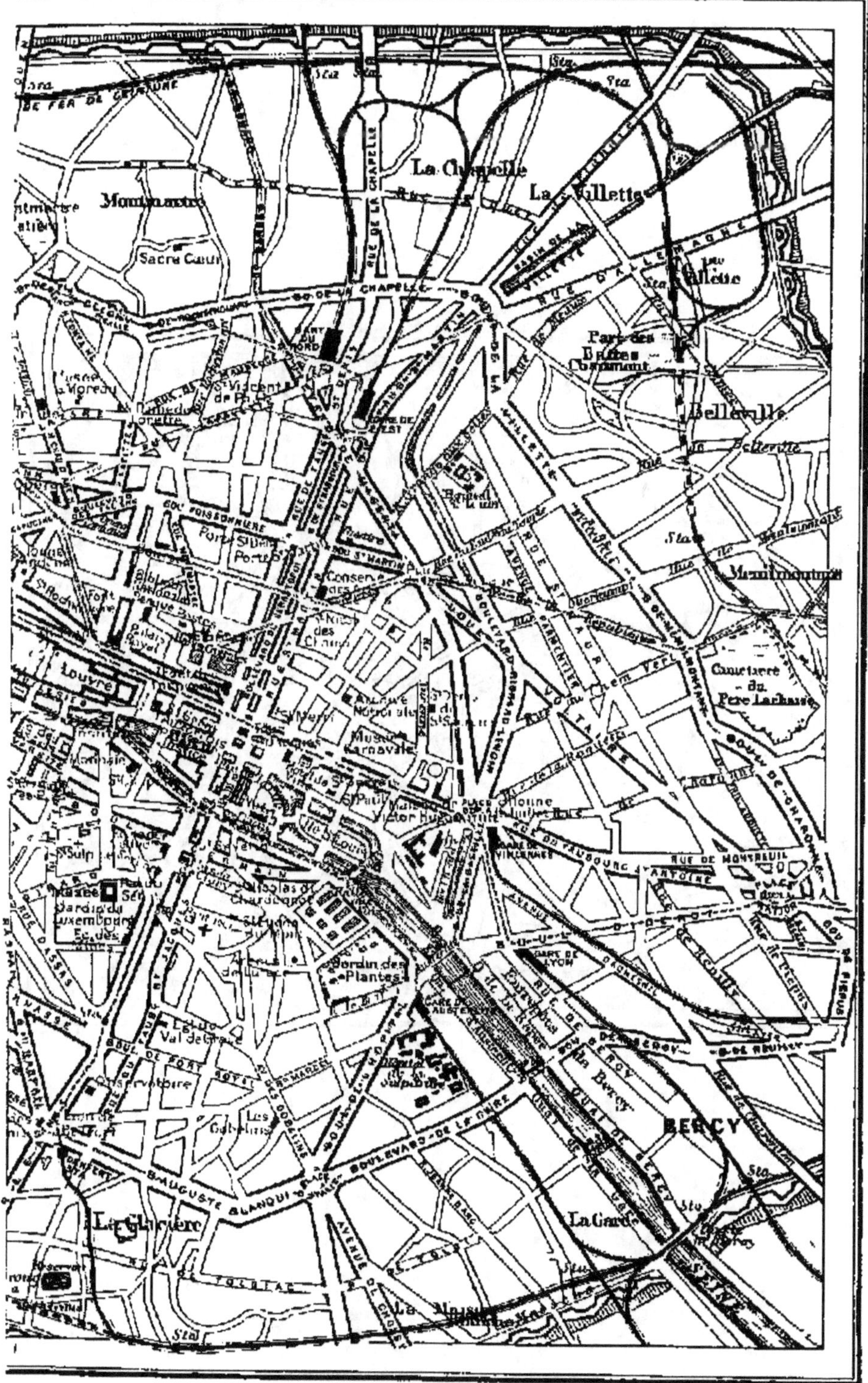
Montmartre
Sacré Cœur
La Chapelle
La Villette
Parc des Buttes Chaumont
Belleville
Ménilmontant
Cimetière du Père Lachaise
Louvre
Jardin du Luxembourg
Jardin des Plantes
Val de Grâce
Observatoire
Les Gobelins
La Glacière
La Gare
BERCY
Barthélémy

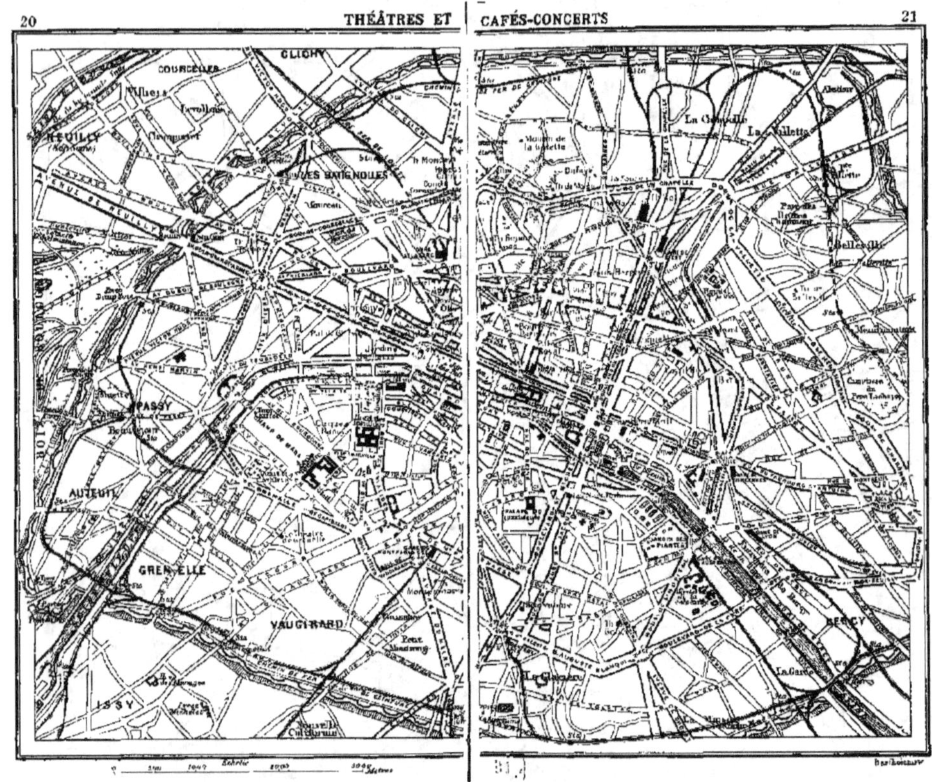
COURCELLES
CLICHY
Villiers
Levallois
NEUILLY
(Neuilly)
LES BATIGNOLLES
PASSY
AUTEUIL
GRENELLE
VAUGIRARD
ISSY
La Chapelle
La Villette
Muséum de
la Villette
Belleville
BERCY
La Gare

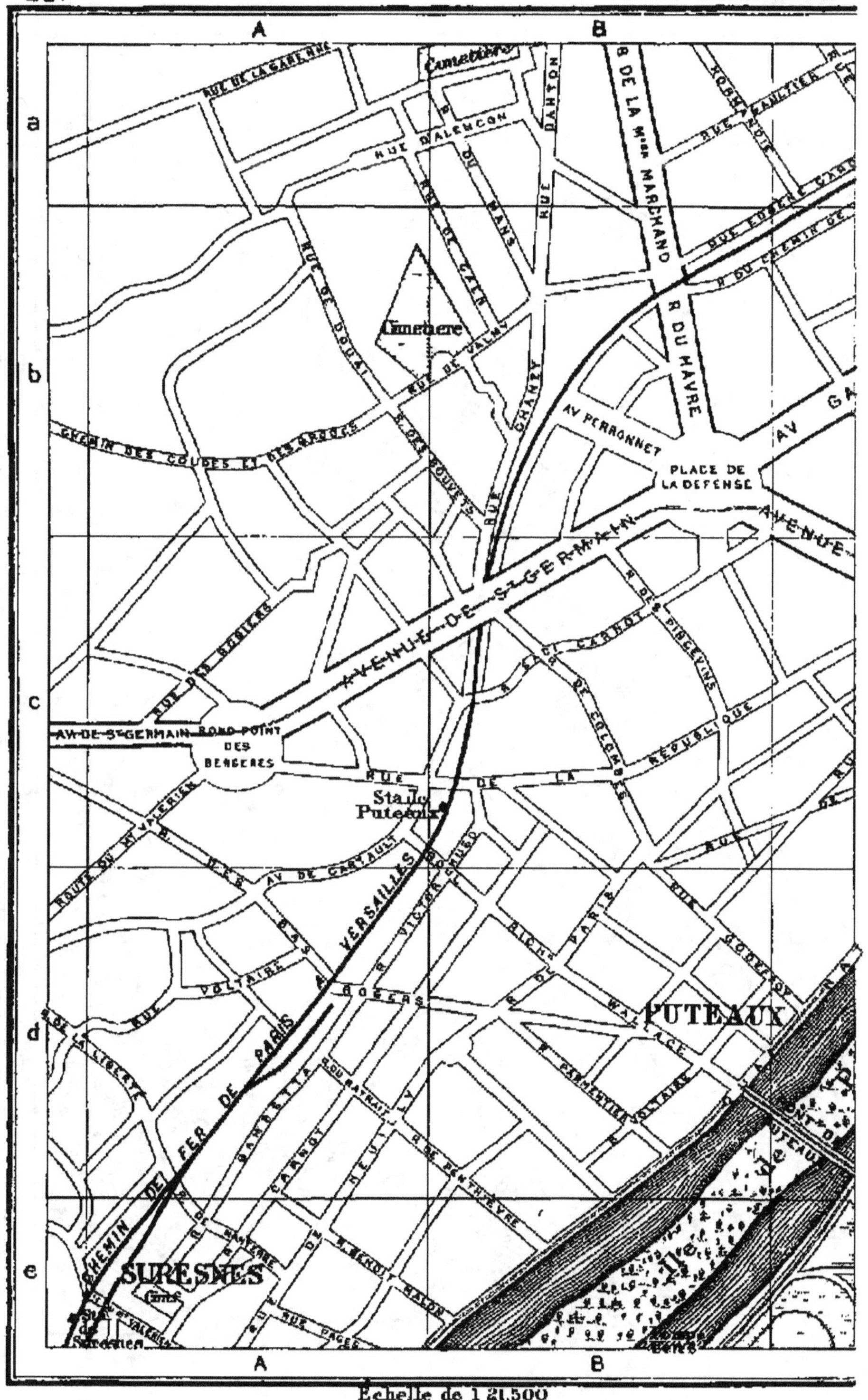

Echelle de 1:21,500

0   100   200   300   400   500   1000 Mètres

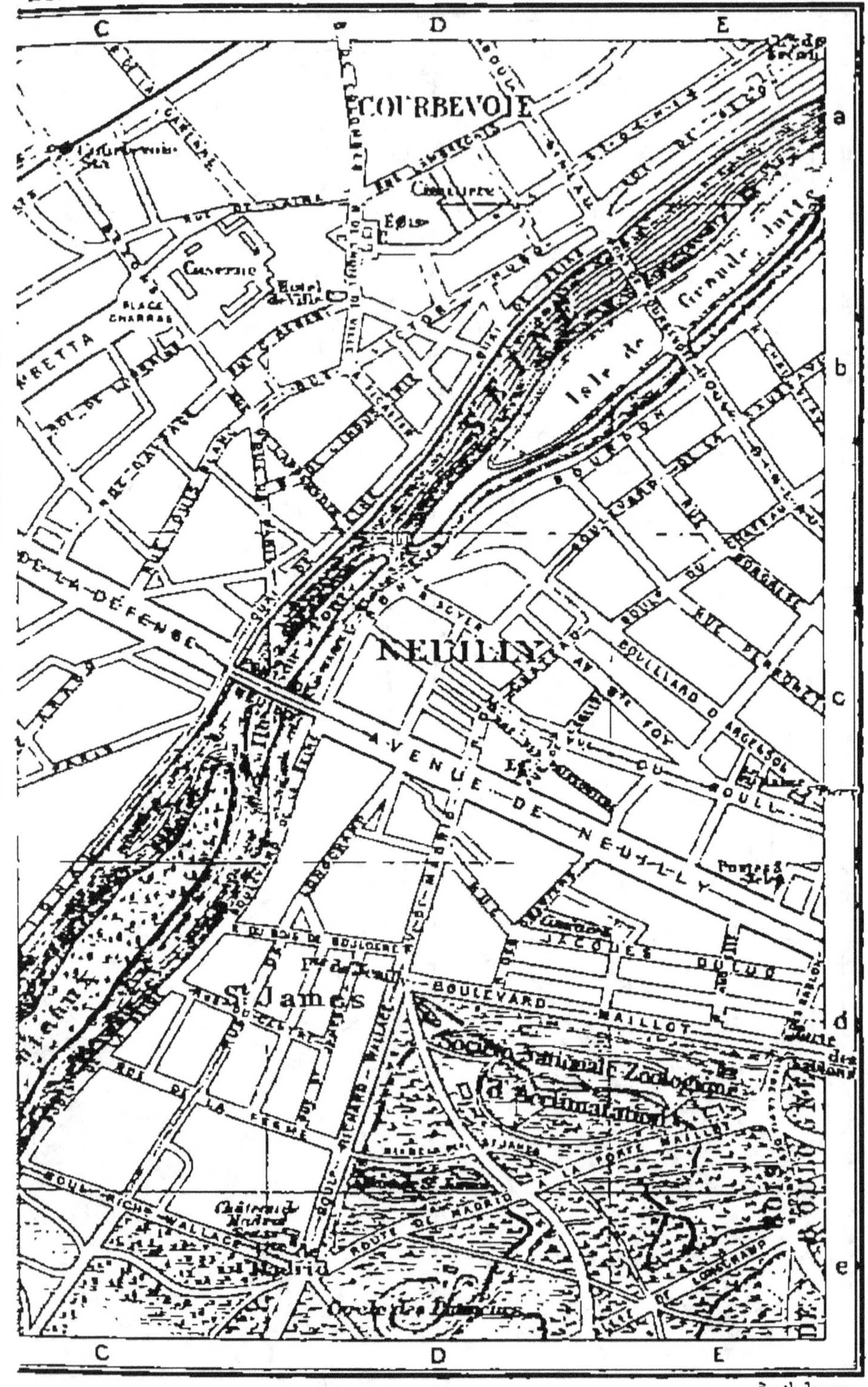
C
D
E
a
COURBEVOIE
Église
Caserne
PLACE
CHARRAS
N'RETTA
b
Isle de Grande Jatte
DE LA DEFENSE
NEUILLY
c
AVENUE DE NEUFILLY
Pont de Neuilly
JACQUES
DUCUC
BOULEVARD MAILLOT
St James
d
Jardin National Zoologique
d'Acclimatation
BOULEVARD RICHE
Château Madrid
WALLACE
ROUTE DE MADRID
LONGCHAMP
e
Route de Longchamp
C
D
E

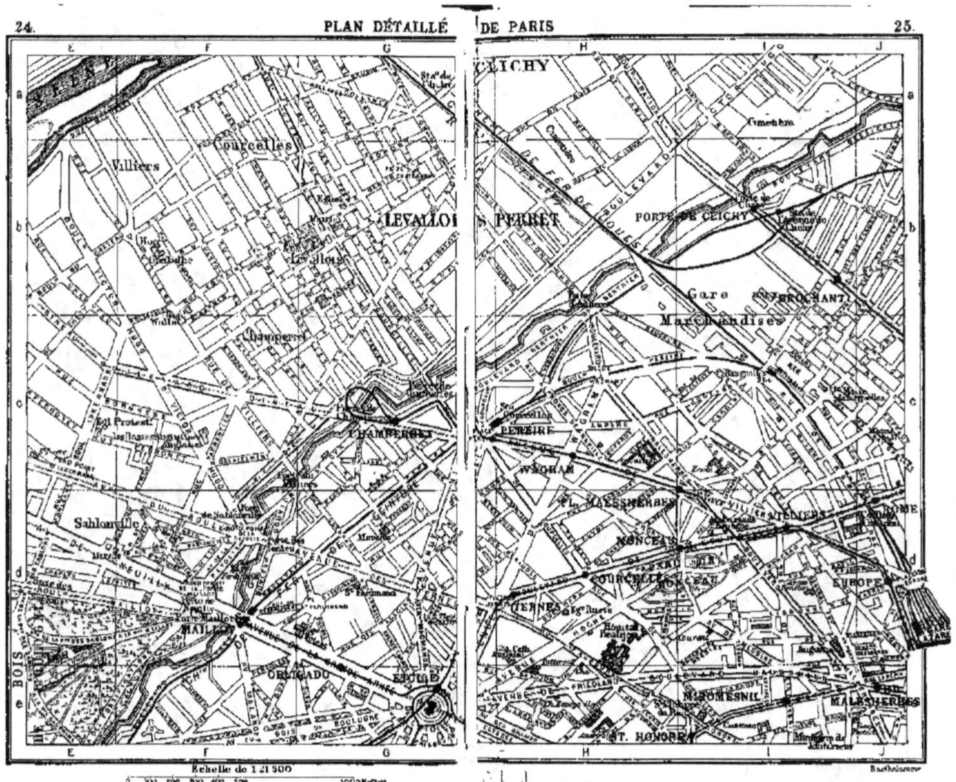
CLICHY
Courcelles
Villiers
LEVALLOIS PERRET
Levallois
Champerret
Ept. Protestt.
Sablonville
CHAMPERRET
PEREIRE
WAGRAM
PL. MALESHERBES
MONCEAU
COURCELLES
TERNES
N.DOMESNIL
ST. HONORÉ
PORTE DE CLICHY
Cimetière
Gare
Marchandises
BROCHANT
ROME
EUROPE
MALESHERBES
BOIS
Porte Maillot
MAILLOT
ORL.EADU
ROULE
Echelle de 1:21 500
0   100   200   300   400   500   1000 Mètres
Bartholomew

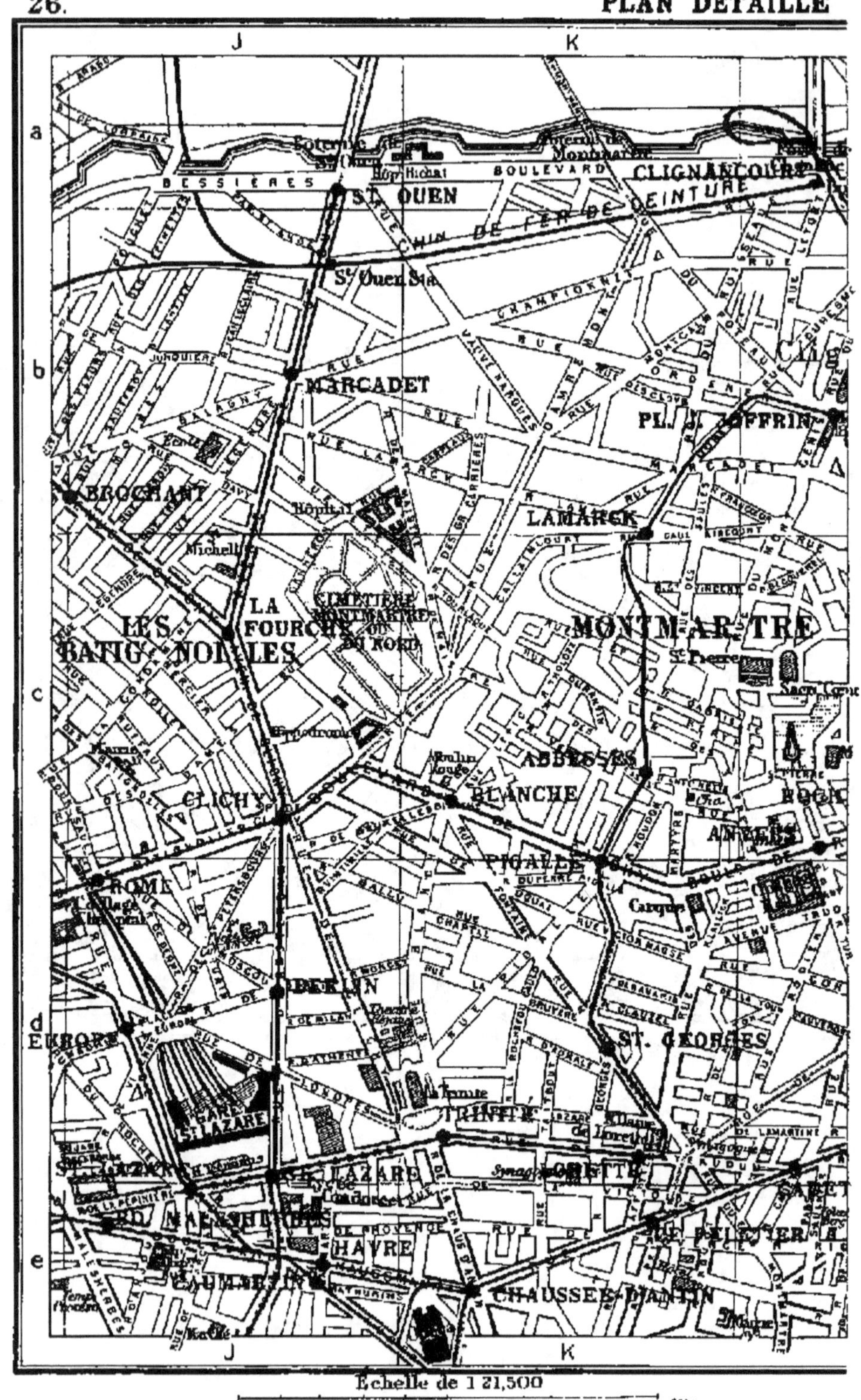

Échelle de 1:21,500

0   100   200   300   400   500   1000 Mètres

L M N
Porte de la
Porte de la Chapelle
Porte d'Aubervilliers
a
Nord Ceinture
Sta. St Denis
Gazomètre
Gare aux Marchandises
SIMPLON
Rond Point de la Chapelle
R. des Roses
b
Hancourt
N. D. de Clignancourt
POISSONNIERE
St Denis
St Paul
Sta. du N. Marcadet
GORCY
LA CHAPELLE
Pompes Funèbres
MARCADET
Rue d'Oran
DOUDEAUVILLE
Gare Marchandises
CHATEAU ROUGE
St Bernard
Théâtre
c
LA VILLETTE
R. de la Goutte d'Or
BARBÈS ROCHOUART
AUBERVILLIERS
Boulevard de la Chapelle
Hôpital Lariboisière
Maison de Santé
d
GARE DU NORD
LOUIS BLANC
Chapelle
CHATEAU LANDON
Administ. du Gaz
GARE DU NORD
COMBAT
POISSONNIÈRE
Caserne
GARE DE L'EST
GARE DE L'EST
Hôpital Militaire St Martin
Prison St Lazare
e
CHATEAU D'EAU
L M N
Bartholomew

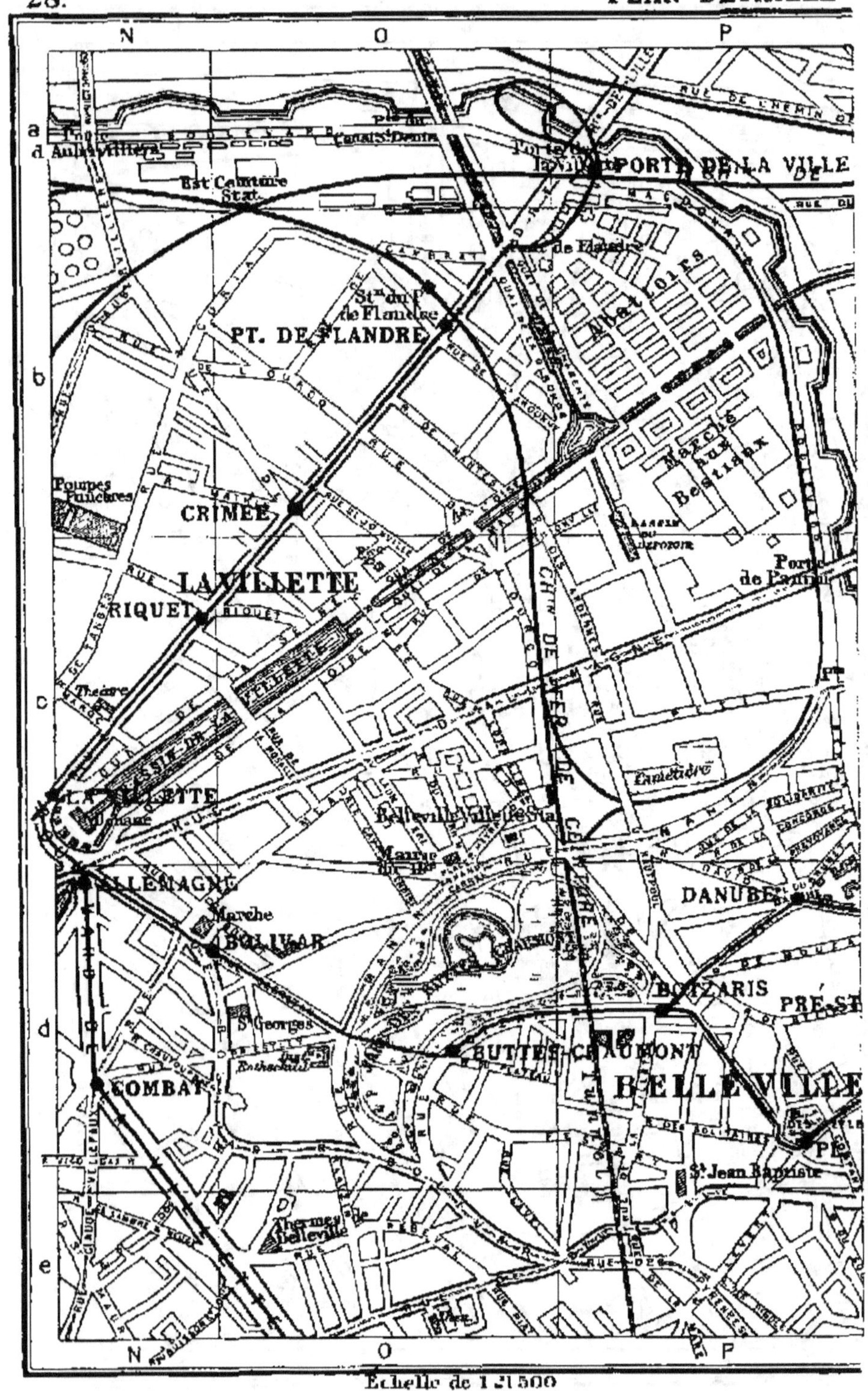
N
O
P
a
Tour
d'Aubervilliers
Canal St Denis
Est Ceinture Stat.
Porte de
La Villette
PORTE DE LA VILLE DE
RUE DE CHEMIN
RUE DU
Pont de Flandre
Stn du P
de Flandre
PT. DE FLANDRE
b
Pompes
Funèbres
CRIMÉE
Marché
aux Bestiaux
Porte
de Pantin
LA VILLETTE
RIQUET
Théâtre
c
Pt
Cimetière
LA VILLETTE
Belleville Ville Stat.
Mairie
ALLEMAGNE
DANUBE
Marché
BOLIVAR
BOTZARIS
PRÉ St
St Georges
d
BUTTES CHAUMONT
BELLEVILLE
COMBAT
St Jean Baptiste
Pt
Thermes de
Belleville
e
N
O
P
Échelle de 1:21500
0   100   200   300   400   500   1000 Mètres

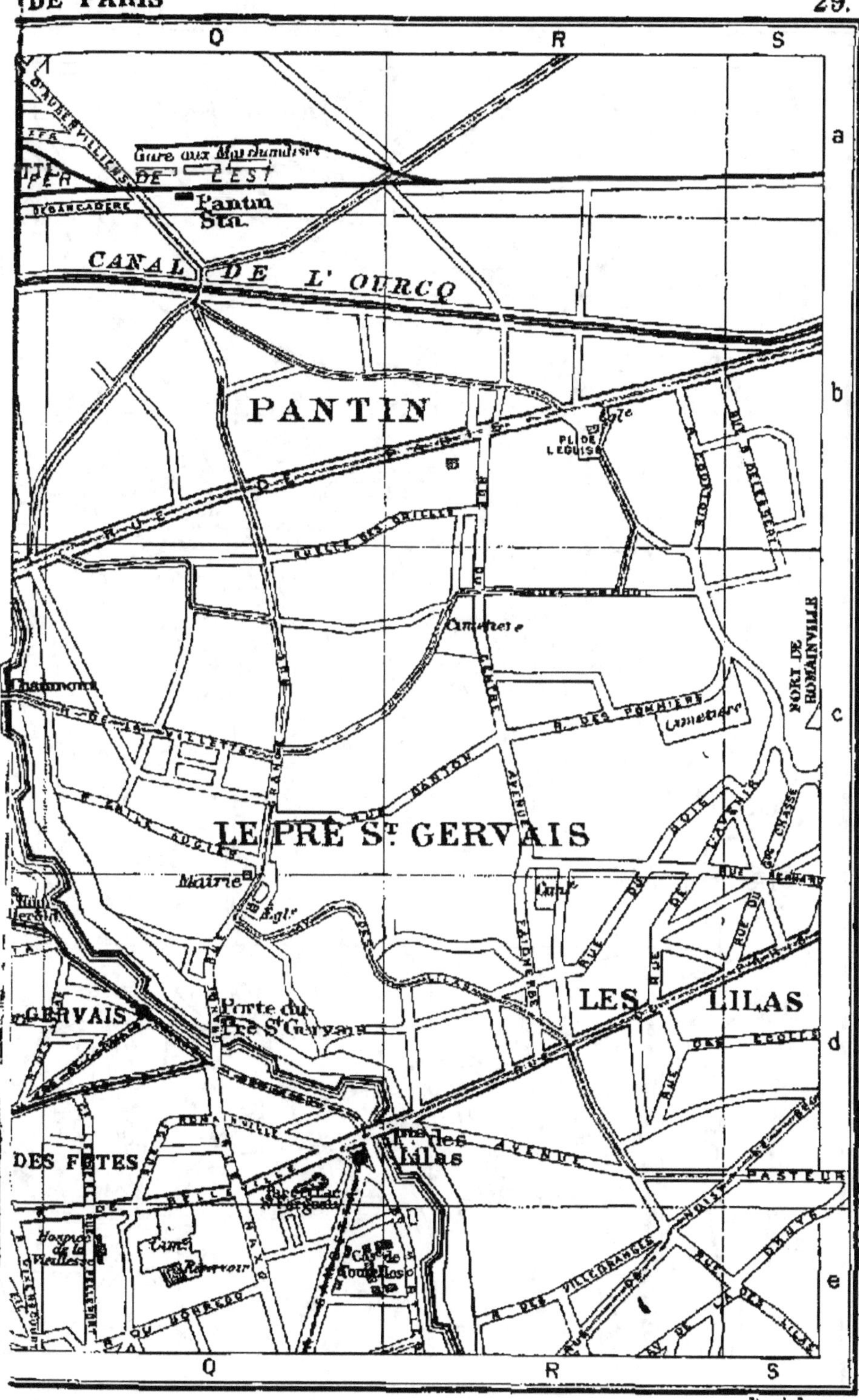
Q
R
S
a
Gare aux Marchandises
DE L'EST
DEBARCADERE
Pantin Sta.
CANAL DE L'OURCQ
b
PANTIN
PL. DE L'EGLISE
Cimetiere
c
PORT DE ROMAINVILLE
Chaumont
Cimetiere
LE PRE St GERVAIS
Mairie
Egle
LES LILAS
d
GERVAIS
Porte du Pre St Gervais
DES FETES
Pte des Lilas
PASTEUR
e
Hospice de la Vieillesse
Reservoir
Q
R
S

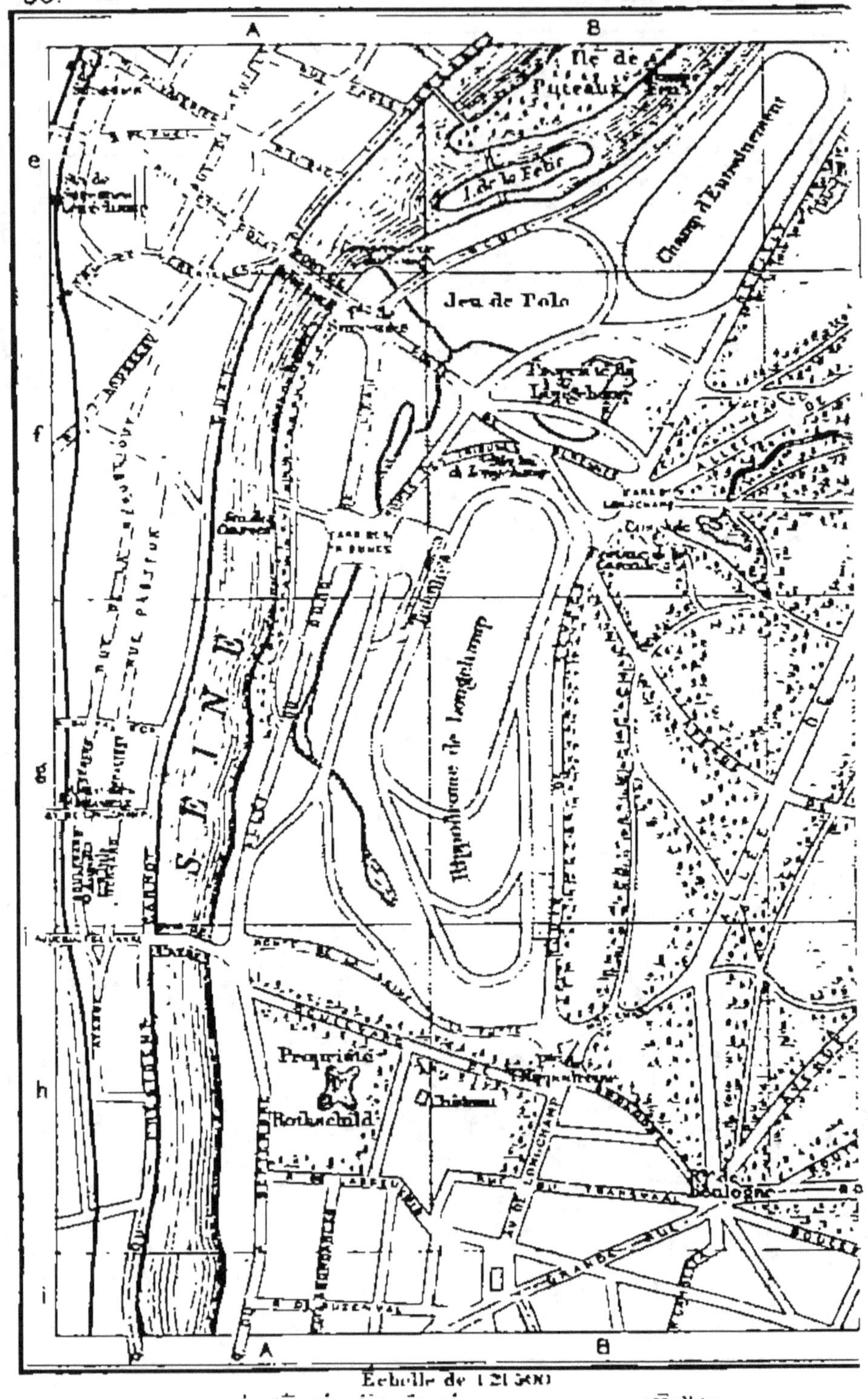
A
B
Île de Puteaux
I. de la Jatte
Champ d'Entraînement
Jeu de Polo
Jeu de La Palesta
SEINE
Hippodrome de Longchamp
Rue de Passy
Propriété Rothschild
Château
Boulogne
e
f
g
h
i

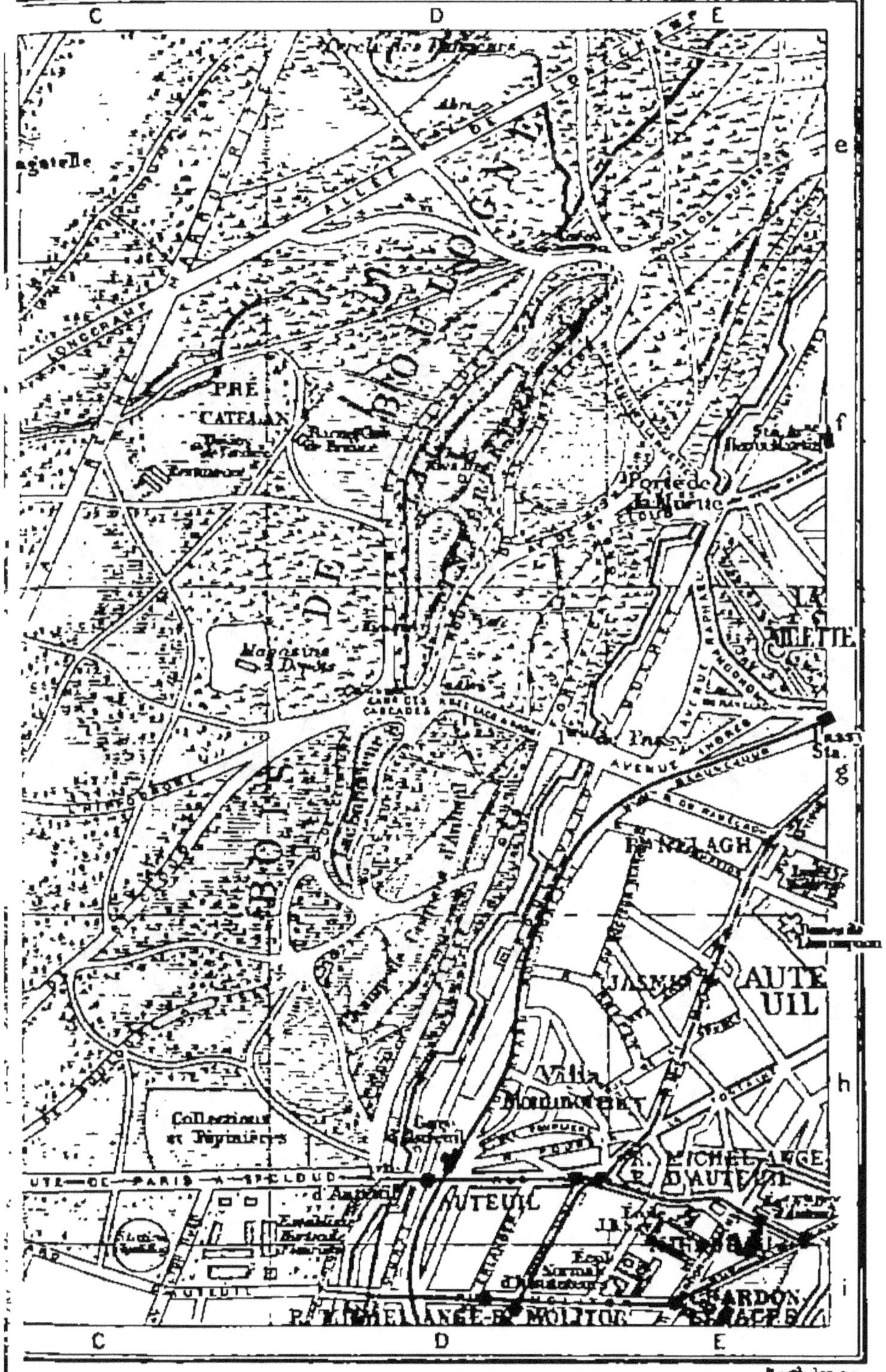

C
D
E
e
Bagatelle
LONGCHAMP
PRÉ
CATELAN
Magasins
Réserve
BO
DE
BOULOGNE
BO
f
Porte de
la Muette
LA
MUETTE
g
RANELAGH
Sta.
JASMIN
AUTE
UIL
Villa
Montmorency
h
Collections
et Pépinières
UTE DE PARIS A SÈVRES
d'Auteuil
AUTEUIL
R. MICHELANGE
R. D'AUTEUIL
i
R. MICHELANGE ET MOLITOR
JARDIN
C
D
E

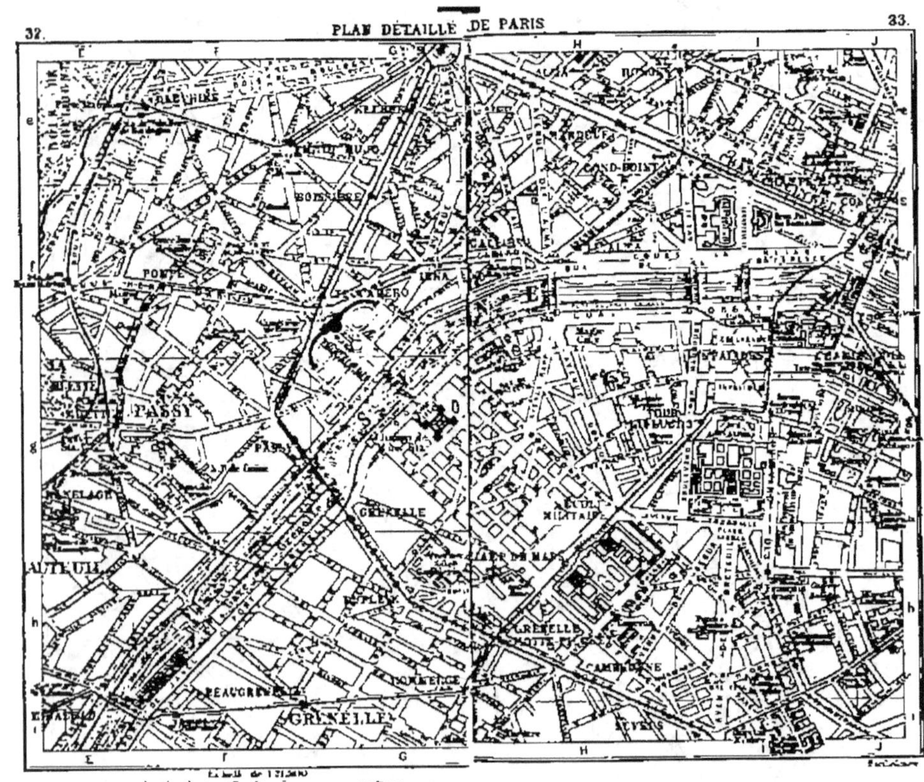
AUTEUIL
PASSY
GRENELLE
BEAUGRENELLE
CHAMP DE MARS
ÉCOLE MILITAIRE
Échelle de 1:71,500

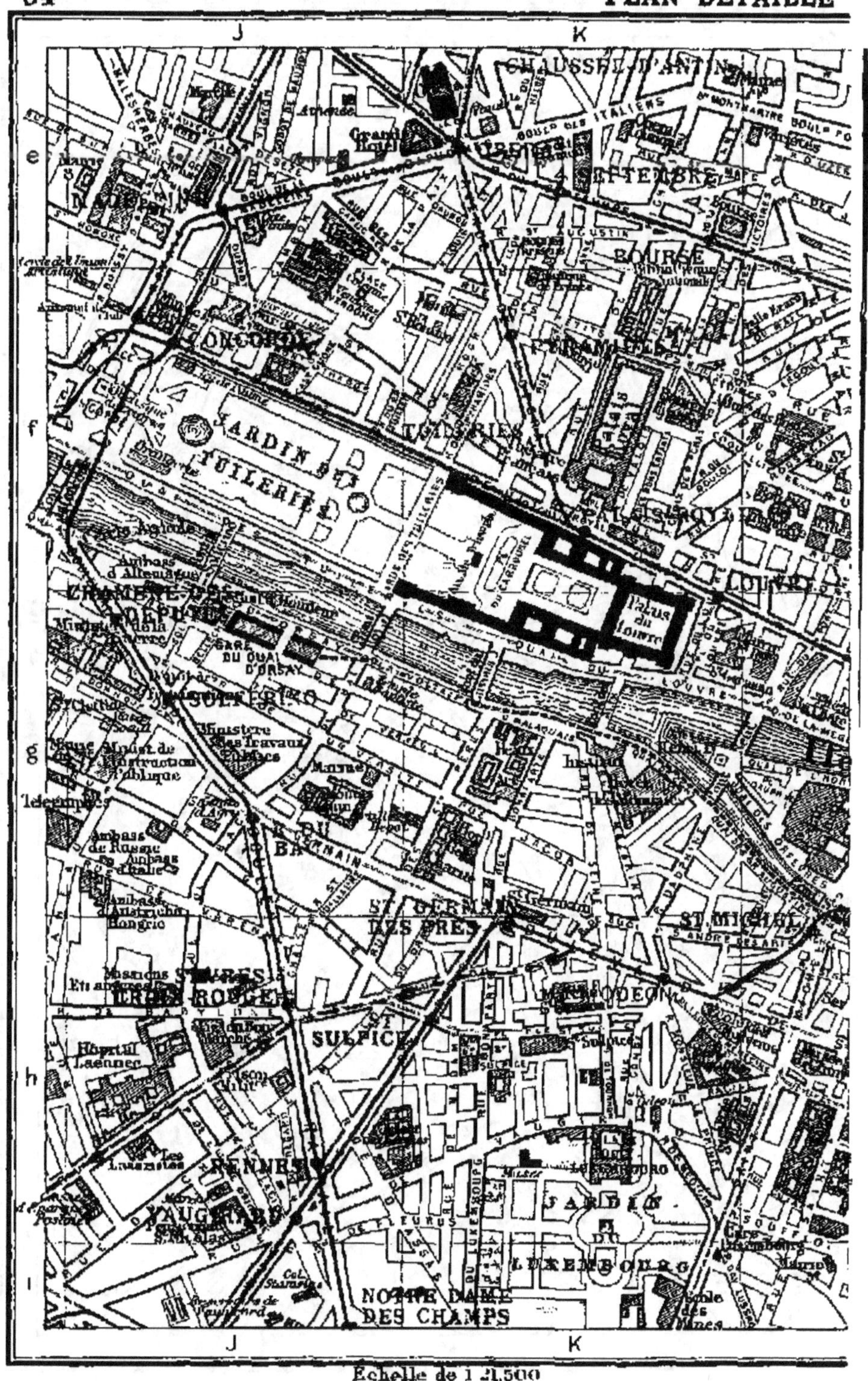

Échelle de 1:21,500

0   100   200   300   400   500   1000 Mètres

CHÂTEAU D'EAU
ST-DENIS
SENTIER
RÉAUMUR
SÉBASTOPOL
ÉTIENNE-MARCEL
HALLES
CHÂTELET
HÔTEL-DE-VILLE
L'ANCRY
TEMPLE
ARTS-ET-MÉTIERS
RÉPUBLIQUE
OBERKAMPF
RICHARD
LENOIR
BRÉGUET
SABIN
BASTILLE
GARE DE
VINCENNES
DAUMESNIL
AUSTERLITZ
Ile St-Louis
GRAND PREAU
St-PAUL
PANTHEON
L   M   N
e
f
g
h
i

Bartholomew

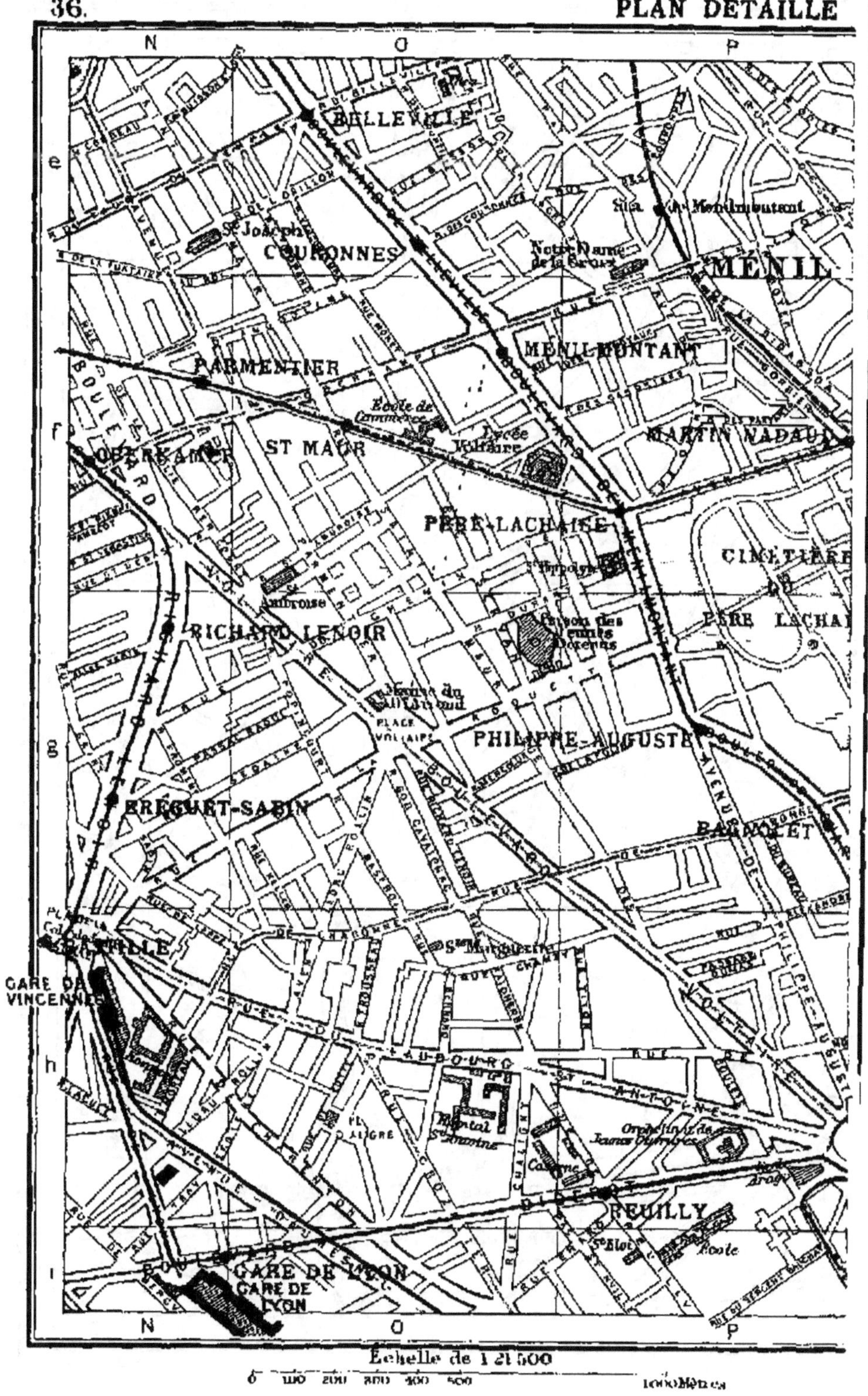
BELLEVILLE
COURONNES
St Joseph
Sta de Ménilmontant
Notre Dame de la Croix
MÉNIL
MÉNILMONTANT
PARMENTIER
École de Commerce
Lycée Voltaire
ST MAUR
OBERKAMPF
MARTIN NADAUD
PÈRE-LACHAISE
St Hippolyte
CIMETIÈRE DU PÈRE LACHAISE
Ambroise
RICHARD LENOIR
Maison des Jeunes Détenus
Église du St Esprit
PLACE VOLTAIRE
PHILIPPE-AUGUSTE
BAGNOLET
BRÉGUET-SABIN
PL. de la Colonne
BASTILLE
GARE DE VINCENNES
Ste Marguerite
St Antoine
Hôpital St Antoine
FAUBOURG
ANTOINE
Orphelinat de Jeunes Ouvrières
Colonne
Dragon
REUILLY
Ste Éloi
École
GARE DE LYON
GARE DE LYON
Échelle de 1:21,500
0   100   200   300   400   500   1000 Mètres

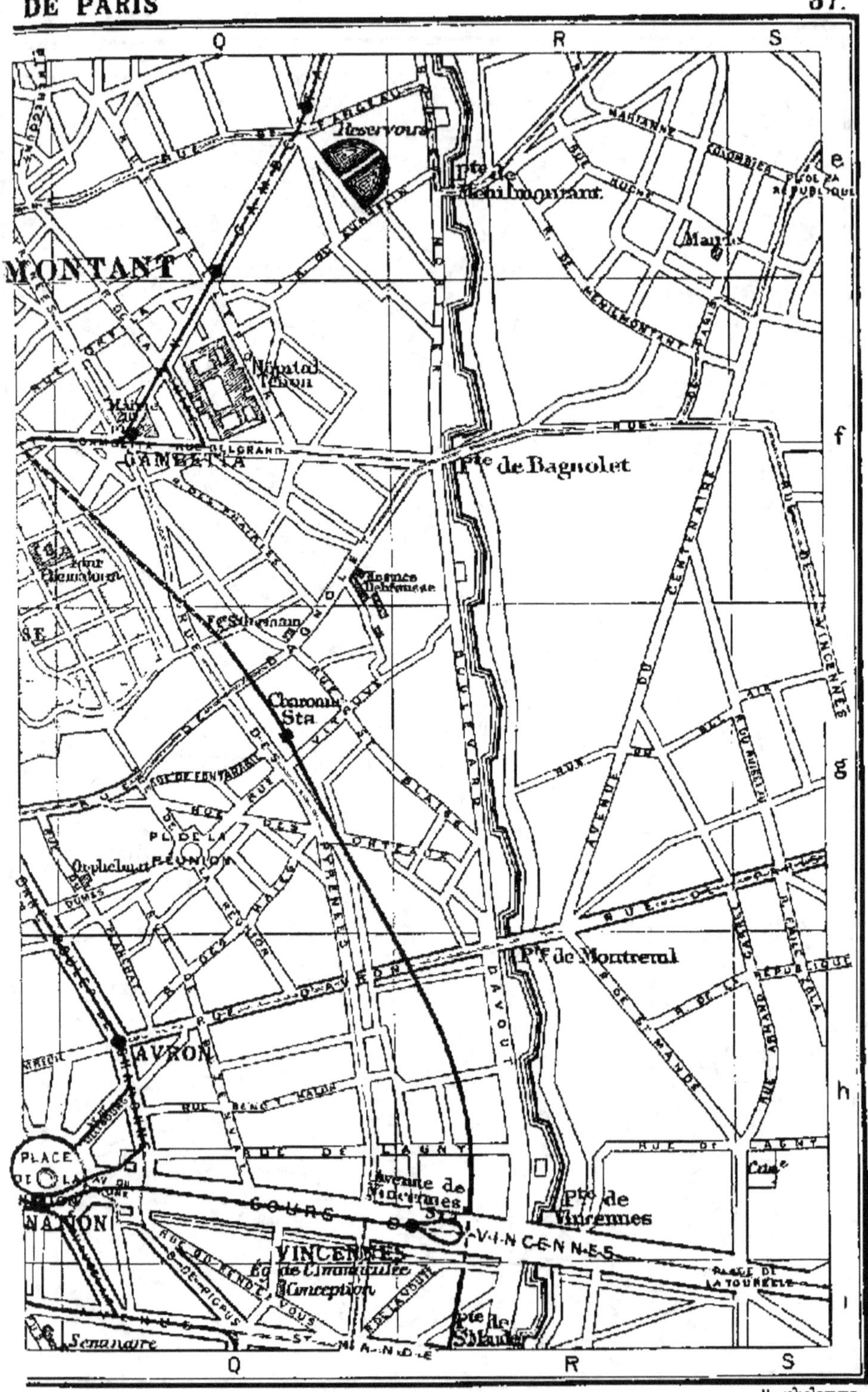
Reservoir
Pte de Menilmontant
Mairie
MONTANT
Mairie
Hopital Tenon
GAMBETTA
Pte de Bagnolet
Pere Lachaise
Fg St Germain
Charonne Sta
Pl de la Reunion
Orphelinat
AVRON
Pte de Montreuil
PLACE DE LA NATION
NATION
Avenue de Vincennes
Pte de Vincennes
VINCENNES
Eg de l'Immaculee Conception
Pte de St Mande
Bartholomew

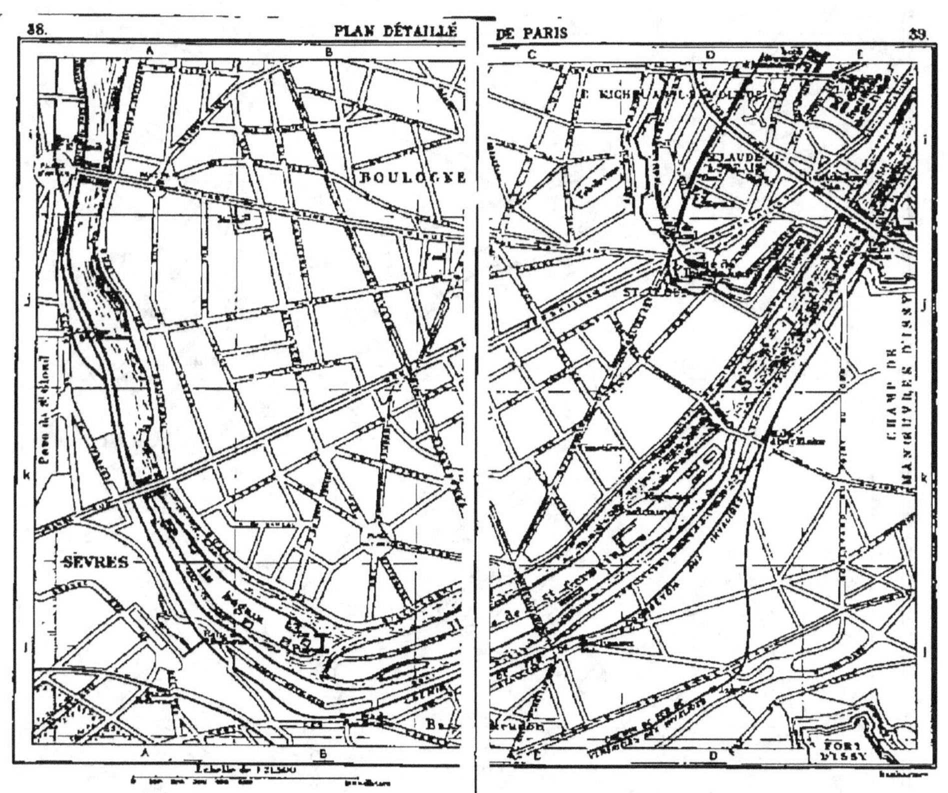
A
B
C
D
E
BOULOGNE
R. RICHARD
CLAUDE
ST CLOUD
CHAMP DE MANŒUVRES D'ISSY
Passe de St Cloud
SÈVRES
FORT D'ISSY
Meudon
Échelle de 1:35000

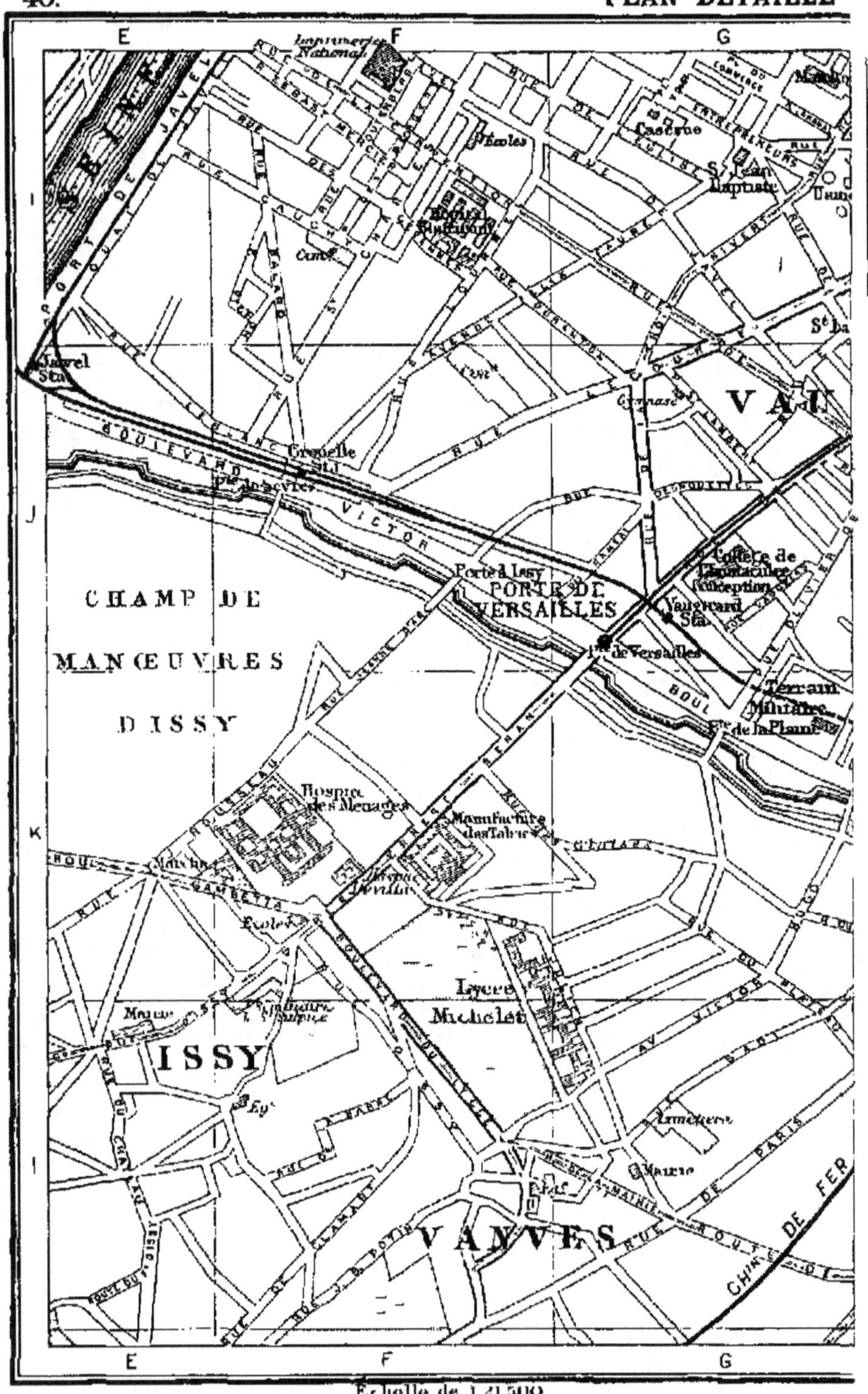

Echelle de 1 : 21500

0   100 200 300 400 500   1000 Mètres

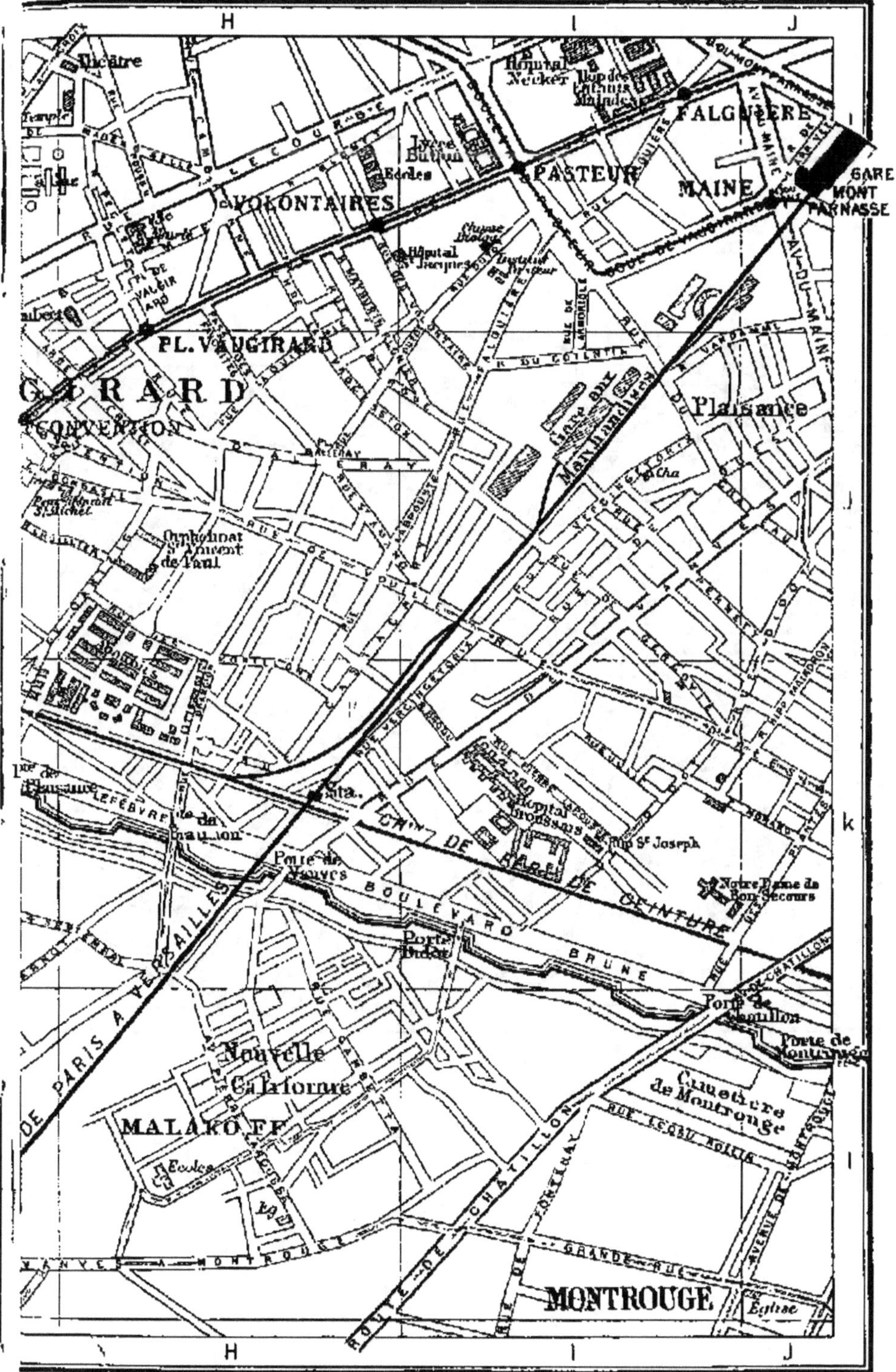
Théâtre
Hôpital
Necker
Hôp des Enfants
Malades
FALGUIÈRE
Lycée
Buffon
Écoles
PASTEUR
MAINE
GARE
MONT
PARNASSE
VOLONTAIRES
Chimie
Biologie
Hôpital
Jacques
Hôpital
Pasteur
Plaisance
PL. VAUGIRARD
GIRARD
CONVENTION
Pont Viaduc
S. Michel
Orphelinat
S. Vincent
de Paul
Cha
Imp. de
Plaisance
LEFEBVRE
Sta..
CH. DE
Hôpital
Broussais
Hôp St Joseph
Route de
Châtillon
Porte de
Vanves
Notre Dame de
Bon Secours
BOULEVARD
DE
CEINTURE
Porte
Didot
BRUNE
Porte de
Châtillon
Porte de
Montrouge
DE PARIS À VERSAILLES
Nouvelle
Californie
Cimetière
de Montrouge
MALAKOFF
Écoles
MONTROUGE
Église
VANVES À MONTROUGE
ROUTE DE CHÂTILLON
GRANDE RUE
H
I
J
H
I
J
k
l

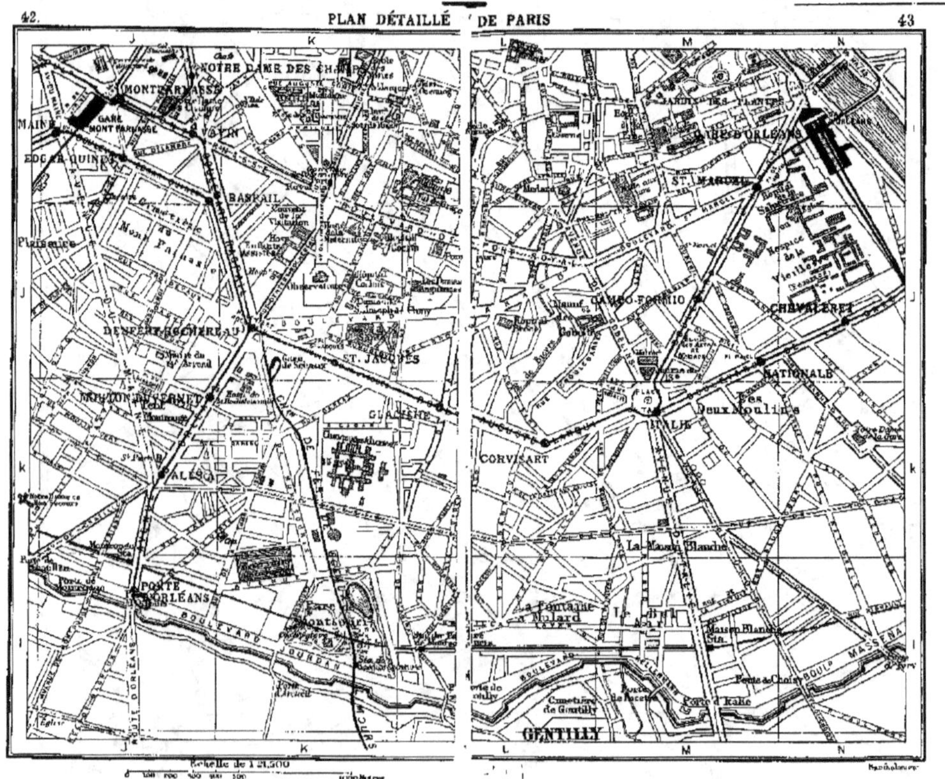
NOTRE DAME DES CHAMPS
MONTPARNASSE
MAINE
GARE
MONT PARNASSE
EDGAR QUINET
BASTILLE
Plaisance
Mont Parnasse
DENFERT-ROCHEREAU
ST. JACQUES
MOUTON-DUVERNET
GLACIÈRE
ALESIA
CORVISART
PORTE D'ORLÉANS
Montsouris
PORTE D'ORLÉANS
BOULEVARD JOURDAN
JARDIN DES PLANTES
PORTE D'ORLÉANS
ST. MARCEL
CAMPO-FORMIO
CHEVALERET
NATIONALE
Des Deux Moulins
ITALIE
La Maison Blanche
Fontaine à Mulard
Maison Blanche Sta.
Cimetière de Gentilly
Porte de Choisy
Porte d'Italie
BOULEVARD MASSÉNA
GENTILLY
Échelle de 1:21,500
0 100 200 300 400 500   1000 Mètres

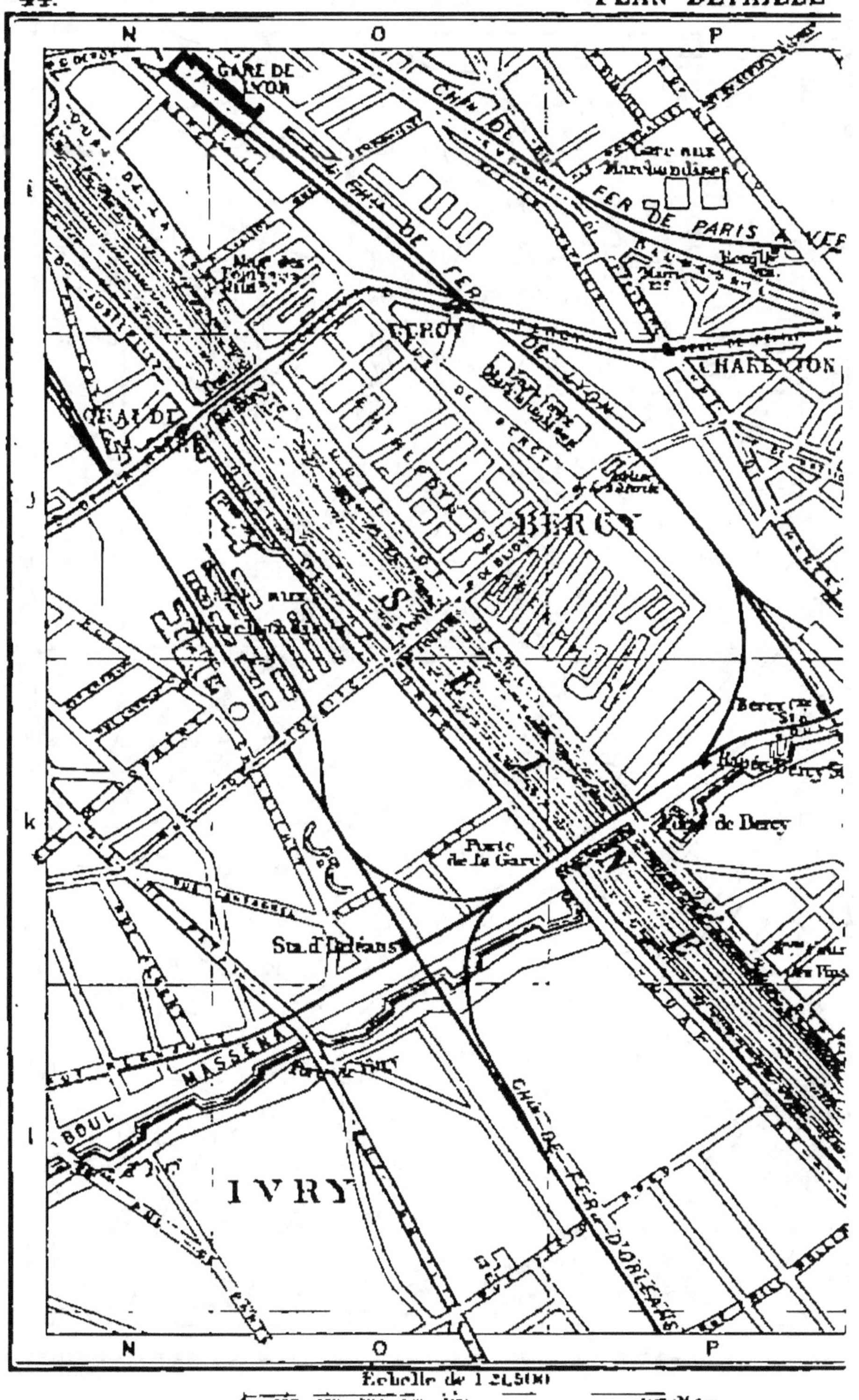

Echelle de 1 à 24.500

Q
R
S
Séminaire
Congrès de Picpus
ST. MANDÉ
Pte de St Mandé
AV. VICTOR HUGO
St de St Mandé
Pte de la Mairie
Mairie
NEUILLY
BEL AIR
Bel Air Sta
Pte de Montempoivre
Orphelinat Rothschild
R. LOUIS BRAILLE
B. DE MONTEMPOIVRE
Bel Air Ceinture Sta
DAUMESNIL
ST MANDÉ
Pte de Picpus
École pratique d'Arboriculture
R. Cl. Decaen Sta
Pte de Reuilly
Pte de Charenton
LAC DE GRAVELLE
BOIS DE VINCENNES
Tranchée Vabns
AVENUE DE PARIS
Parc de la Conservation
Vélodrome
CHARENTON
Conflans
le Pont
Égle
Les Carrières
R. GABRIELLE
Musée
Charenton Sta
Q
R
S
QUAI DE CHARENTON

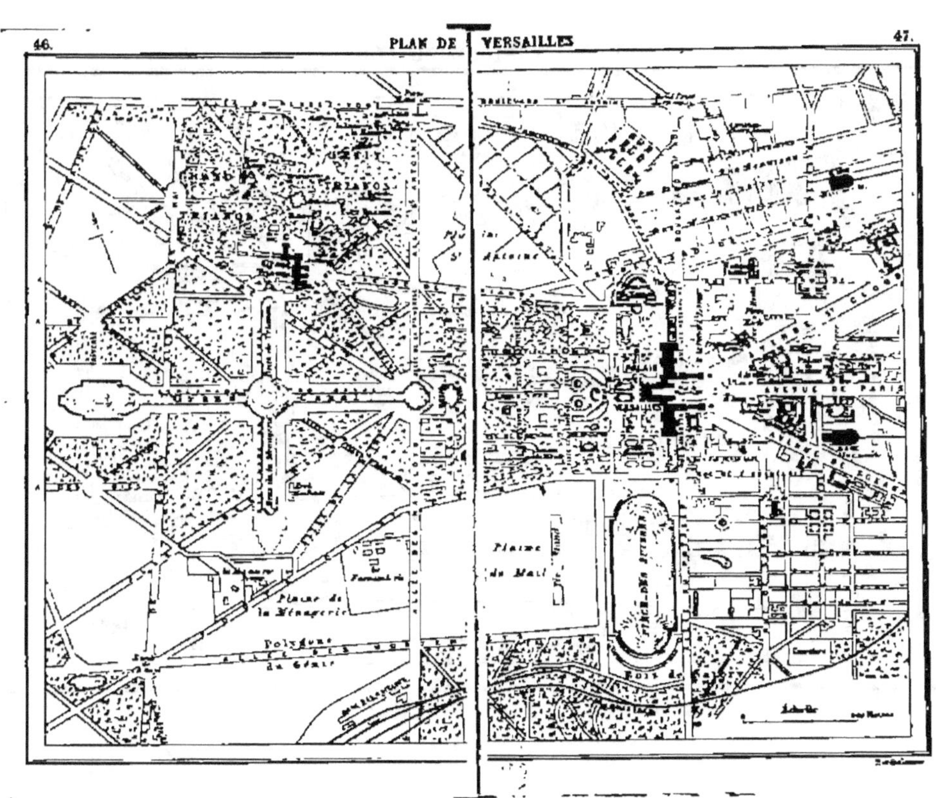
PLAN DE VERSAILLES
Plaine St Antoine
Place de la Ménagerie
Polygone du Génie
Plaine du Mail
AVENUE DE PARIS

PLAN HISTORIQUE DU LOUVRE

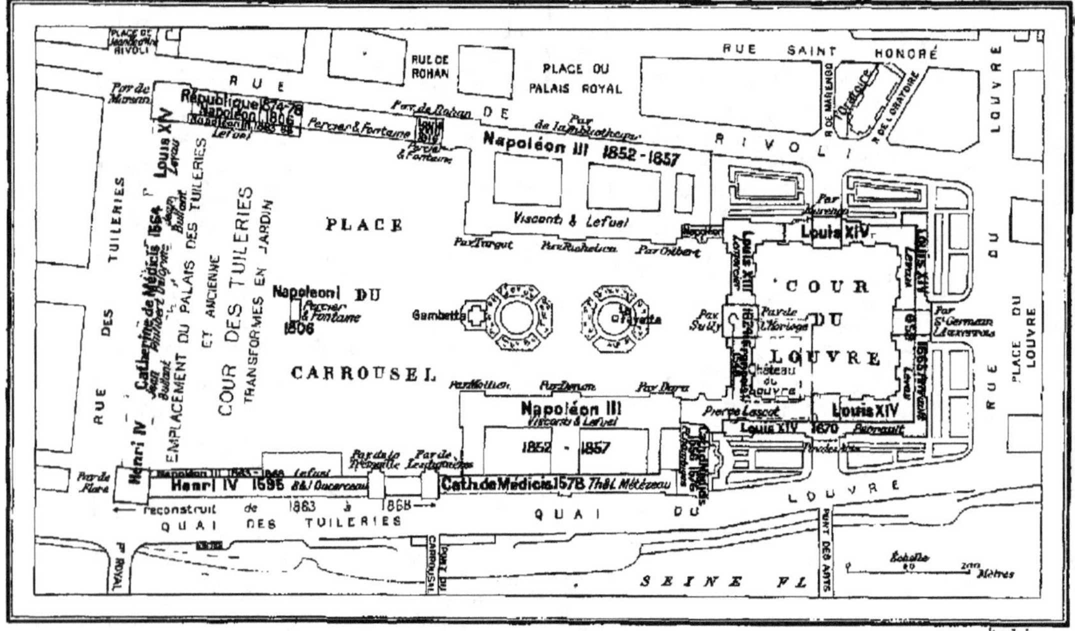

PARIS DANS LE PASSÉ

Les origines de Paris remontent au-delà de l'Histoire. Dès l'âge de la pierre, les rives de la Seine étaient habitées, ainsi que le prouvent les ossements humains et ceux de renne, d'éléphant et de rhinocéros antiques, que l'on a retrouvés dans les alluvions parisiennes mêlés à des outils préhistoriques.

La Seine, au cours calme et sinueux, au lit relativement profond, était propice à la navigation primitive.

A l'époque donc où Jules César entreprit la conquête des Gaules, une tribu gauloise, celle des Parisii, avait bâti son humble capitale, Lutèce, dans la plus grande d'un groupe de six îles fluviales. C'est de cette modeste forteresse insulaire, formée de huttes gauloises et reliée à chacune des rives du fleuve par une passerelle de bois, qu'est né Paris, la Ville Lumière. L'île de la Cité devint le berceau de la capitale; les Parisii sont les ancêtres des Parisiens.

En l'an 53 avant J.-C., Lutèce apparaît dans l'Histoire; César y convoque les délégués gaulois.

L'année suivante, la Gaule se soulève contre lui. Répondant à l'appel de Vercingétorix, les Parisii et leurs voisins se joignent à la lutte contre l'envahisseur et, sous les ordres de Camulogène, brûlent leur ville et ses ponts afin que

Labiénus, lieutenant de César, ne s'en empare pas. Une bataille acharnée s'engage vers la plaine qui sera Grenelle; les légions romaines triomphent; Camulogène est tué dans la mêlée.

Devenue romaine, Lutèce, rebâtie en pierre, prend un nouvel essor. Son commerce fluvial se développe; sa corporation de nautes ou bateliers obtient une influence prépondérante dans les affaires publiques.

Plus tard, en 1711, on retrouvera sous le chœur de Notre-Dame les ruines d'un autel à Jupiter dédié par eux sous le règne de Tibère. Ces précieux vestiges sont exposés au Musée de Cluny.

Le Christianisme fut introduit à Lutèce vers l'an 250 par St. Denis qui devint le premier évêque de la ville et qui, martyrisé, fut, dit-on, décapité sur la colline au nord de Paris appelée depuis Montmartre, soit: Mont des Martyrs. Certains prétendent cependant que « Montmartre » signifie Mont de Mars ou Mont de Mercure, en raison des temples de Mars et de Mercure que 'les Romains avaient élevés sur cette colline.

La tradition populaire veut qu'une fois décapité St. Denis ait ramassé sa tête et, la portant entre les mains, soit allé ainsi jusqu'à l'endroit de sa sépulture où fut élevée plus tard l'abbaye de St.-Denis. Cette légende provient peut-être de ce que les artistes médiévaux ont généralement représenté le bon saint dans cette attitude pour indiquer le genre de martyre qu'il a subi.

Lutèce n'était encore qu'une petite ville provinciale, un point d'appui stratégique sur le fleuve, lorsqu'en l'an 305 l'empereur romain Constance Chlore se fit bâtir un palais hors de l'île dans le faubourg qui se formait peu à peu sur la rive gauche, cette rive étant plus que l'autre à l'abri des incursions barbares.

Ce palais, considérablement agrandi par Julien l'Apostat vers 361 et entouré de vastes jardins, devint une magnifique propriété, la résidence favorite de cet empereur. Les seules ruines qui en restent sont celles des Thermes, maintenant enclavées dans le Musée de Cluny.

De cette époque datent également les arènes de Lutèce dont une partie seulement a été dégagée des bâtiments qui la recouvraient.

Vers le VIème siècle, suivant la coutume de l'époque, la ville échangea graduellement son nom de Lutèce contre celui de ses habitants, devenant *civitas Parisiorum*, Cité des Parisii, pour s'appeler enfin Paris, la ville des Parisiens.

En l'an 451, Paris faillit être mis à sac par Attila et ses hordes de Huns. C'est alors que Ste Geneviève, la petite bergère de Nanterre devenue religieuse, releva le courage des habitants épouvantés, les exhortant à la prière et au calme et leur prophétisant que la ville serait épargnée. Attila n'attaqua pas Paris. Ste Geneviève dévoua sa longue vie à secourir les malheureux et semble avoir exercé une influence aussi puissante que bienfaisante sur la direction des affaires publiques.

Clovis, premier roi franc chrétien, vint résider

à Paris en 508. Il fonda la basilique St.-Pierre-St.-Paul sur une colline qui plus tard fut appelée la Montagne Ste.-Geneviève lorsque, la sainte étant enterrée dans la basilique, celle-ci devint un lieu de pélerinage.

La basilique n'existe plus, mais le tombeau de la sainte qui se trouve dans l'église St.-Etienne-du-Mont, élevée au même endroit, est toujours visité par de nombreux fidèles.

Ainsi, Paris déja célèbre dans la Chrétienté à cause du tombeau de St. Denis vit sa renommée s'étendre et les pélerins accourir de toutes parts pour vénérer les reliques miraculeuses de ses deux patrons, St. Denis et Ste. Geneviève.

Childebert Ier, fils de Clovis, ayant enlevé la tunique de St. Vincent aux Visigoths d'Espagne, fonda une abbaye splendide pour l'y déposer. Toutefois, lorsque St. Germain, évêque de Paris, y fut enterré, l'abbaye prenant son nom fut appelée St.-Germain-des-Prés. Dotée de vastes terres cultivées, elle devint bientôt le centre le plus riche de la ville; un faubourg s'éleva à ses entours, qui allait devenir plus tard l'aristo-cratique Faubourg St.-Germain.

Rien ne reste de la magnifique fondation de Childebert, mais l'église actuelle, construite vers les Xème et XIIème siècles, puis restaurée, est la plus ancienne église de Paris.

C'est vers l'année 630 que le bon roi Dagobert, secondé par Éloi, patron des orfèvres, saint et premier ministre, fonda l'abbaye de St.-Denis.

Charlemagne, empereur d'Occident, et ses descendants résidèrent surtout à Aix-la-Chapelle.

Paris, délaissé, ne fut plus que la capitale du comté de Paris.

Lorsqu'en 885 les Normands remontant la Seine sur leurs barques assiégèrent Paris, les habitants, enfermés dans leur île et comptant bien que l'armée impériale viendrait à leur secours, opposèrent une résistance héroïque sous la direction de leur comte Eudes et de leur évêque Gozlin.

Quand, au bout de treize mois, Charles le Gros parut enfin avec son armée sur les hauteurs de Montmartre, plutôt que de se battre il préféra acheter la retraite des Normands. Indigné de sa lâcheté, le peuple le déposa et, plus tard, les comtes de Paris, devenant rois de France, fondèrent la dynastie des Capétiens.

Robert le Pieux fit élever un mur autour des faubourgs les plus populeux de Paris; toutefois, ce n'est que sous le règne de Philippe-Auguste (1180-1223) que la première enceinte fortifiée fut élevée; elle comprenait cent tours et vingt portes.

Depuis longtemps, les souverains avaient quitté l'ancien palais romain pour venir habiter dans l'île de la Cité où ils se sentaient plus à l'abri des invasions que sur la rive gauche. Philippe-Auguste cependant se fit bâtir un château-fort juste en dehors des murs, ce fut le premier Louvre (voir le plan, pages 4-5).

C'est lui aussi qui pour la première fois fit paver les rues principales de la ville.

Les croisades et l'affranchissement progressif des communes réveillèrent l'activité intellectuelle et artistique de la société.

Peu à peu, l'art roman céda la place au style gothique. Ce fut l'époque des grandes cathédrales; Notre-Dame fut rebâtie de 1163 à 1235.

Au début du XIIème siècle, Abélard, le grand penseur, aussi populaire par son amour pour Héloïse et ses malheurs qu'il mérite de l'être pour l'impulsion vivifiante de ses enseignements, avait fondé des écoles de logique devenues célèbres.

Ces écoles, réunies à d'autres sous le règne de Philippe-Auguste, formèrent le noyau de l'Université de Paris. De toutes parts, les étudiants vinrent à Paris, qui fut bientôt le centre intellectuel de la Chrétienté. C'est ainsi qu'au début du XIIIème siècle les étudiants et leurs professeurs formaient près du cinquième de la population de la ville, leur nombre atteignant environ 25,000.

Robert de Sorbon, chapelain de Louis IX, St. Louis (1226-1270), fonda un collège de théologie pour étudiants pauvres; ce collège, appelé dans la suite maison de Sorbonne, fut l'origine de la Sorbonne actuelle.

Le nom de St. Louis est associé à celui de la Sainte-Chapelle qu'il fit bâtir pour y déposer la couronne d'épines du Christ.

Roi juste par excellence, il établit des sessions judiciaires dans son palais de la Cité. Plus tard, les membres de ces sessions deviendront inamovibles et formeront le Parlement de Paris; le palais de la Cité deviendra le Palais de Justice.

Sous le règne de Philippe IV le Bel, les premiers États-Généraux se réunirent à Notre-Dame. Ce roi fit abolir l'ordre mi-religieux, mi-guerrier des Templiers, dont les immenses richesses furent confisquées. Le grand-maître de l'ordre, Jacques de Molay, et deux de ses dignitaires furent brûlés vifs.

Les Templiers possédaient près de Paris de vastes propriétés comprenant un château-fort dans le donjon duquel Louis XVI et sa famille furent enfermés pendant la Révolution.

Durant la captivité de Jean le Bon, après la bataille de Poitiers, Étienne Marcel, prévôt des marchands de Paris, s'empara du pouvoir et fit construire une nouvelle enceinte autour de la ville. Lorsque Charles V devint maître de sa capitale il fit achever cette enceinte et élever la forteresse de la Bastille qui servit bientôt de prison d'État.

Se souvenant des émeutiers qui pendant sa minorité avaient pénétré dans son palais de la Cité et tué deux de ses conseillers devant lui, il laissa ce vieux palais au Parlement et transféra sa résidence au Louvre, qu'il convertit en un charmant palais gothique dont malheureusement il ne reste rien.

Pendant la tutelle de Charles VI, le roi dément, Paris est ensanglanté par les factions des Armagnacs et des Bourguignons qui se disputent le pouvoir.

Dix-huit ans durant, la capitale est aux mains des Anglais. C'est alors qu'en 1429, Jeanne d'Arc et l'armée du roi essayèrent de reprendre la ville. L'attaque échoua et Jeanne fut blessée.

A cette époque aussi une épidémie, puis une

longue famine décimèrent la population parisienne.

Charles VII vint résider à Paris en 1436 et réorganisa la municipalité. Son fils, Louis XI, fit installer à la maison de Sorbonne les premières presses à imprimer de Paris, et depuis ce temps la rive gauche est restée le centre de l'industrie et du commerce du livre.

C'est à cette époque que vivait Villon, le gai et gracieux poète, vrai moineau parisien et patron des bohèmes.

Vers la fin du quinzième siècle, Jacques d'Amboise, abbé de Cluny, fit élever sur les ruines du palais des Thermes le charmant petit hôtel gothique qui renferme les collections du musée de Cluny.

L'influence des guerres d'Italie se fit bientôt sentir sur les arts et les lettres. Le règne de François Ier marque l'apogée de la Renaissance. Le Collège Royal fondé alors deviendra ensuite le Collège de France dont la réputation est universelle.

François Ier fit assembler une collection de livres qui sera l'origine de la Bibliothèque Nationale. Il s'appliqua à embellir Paris; l'Hôtel de Ville, St.-Eustache, St.-Étienne-du-Mont, l'Hôtel Carnavalet furent commencés ainsi que beaucoup d'autres monuments.

Vers ce temps-là, le village de Meudon, voisin de la capitale, eut pour curé un excellent homme, médecin à ses heures, ami de ses pauvres et de son roi, Rabelais, dont l'œuvre étourdissante, profondément humaine, passionnément sincère sous son masque burlesque, fait revivre pour nous la vie exubérante du Paris de son temps, le Paris de la Renaissance.

Puis, de nouveau, le ciel s'assombrit; les guerres de religion ensanglantent la France.

Catherine de Médicis, l'astucieuse italienne, prend les rênes du pouvoir. Sa mémoire reste à jamais souillée par l'horrible massacre des Protestants dans la nuit de la St.-Barthélemy (1572).

Les années de guerre civile se succèdent, engendrant l'épuisement et la haine.

Pendant le terrible siège qu'il subit, alors qu'aux mains de la Ligue il est assiégé par Henri III et Henri de Navarre, Paris souffre cruellement de la famine. Toutefois, ce n'est que lorsque Henri IV devenu roi découvre que « Paris vaut bien une messe » et abjure le protestantisme que la ville lui ouvre enfin ses portes. Sous son règne, Paris retrouve toute sa prospérité et la douleur est vraiment nationale lorsque ce monarque bienaimé, jadis si exécré, succombe sous le poignard de Ravaillac.

Devenue régente, Marie de Médicis se fait construire le Palais du Luxembourg. Puis, c'est Richelieu qui vers 1629 se fait bâtir le Palais-Cardinal, aujourd'hui Palais-Royal. C'est lui aussi qui fonde l'Académie Française. Son successeur, Mazarin, encourage la fondation de l'Académie de sculpture et de peinture. (L'Académie d'architecture fut fondée par Colbert et celle des Beaux-Arts par Bonaparte.) De nos jours, les cinq académies sont réunies dans le Palais de l'Institut, l'ancien collège des Quatre-Nations fondé par Mazarin. Ayant accumulé une immense fortune, Mazarin fit transformer son hôtel; le Palais-Mazarin abrite maintenant la Bibliothèque Nationale.

Pendant la minorité de Louis XIV, Paris est troublé par les Guerres de la Fronde. La Cour s'enfuit à St.-Germain et plus tard Louis XIV la transfère à Versailles. Néanmoins, Paris continue à prospérer et de nombreux hôtels seigneuriaux s'y élèvent.

·Sous la protection autoritaire de l'État, les beaux-arts et en particulier l'architecture semblent alors perdre la gracieuse fantaisie qui autrefois faisait leur charme. Les édifices de cette époque, tels que la Colonnade du Louvre, Versailles, St.-Sulpice, etc., donnent une impression de grandeur morne et solennelle; c'est l'apogée du pouvoir absolu.

Louis XIV fit abattre les murs de Paris; les promenades établies sur leur emplacement sont devenues les Grands Boulevards.

Sous le règne de Louis XV, la Place de la Concorde est tracée et s'orne d'une statue de ce roi offerte en hommage par la ville. La place s'appelait alors Place Louis XV. On commence aussi une église que l'on veut dédier à Ste. Geneviève; elle deviendra le Panthéon.

Louis XVI autorise les fermiers généraux à bâtir à leurs frais un mur autour de la ville pour permettre de réprimer les fraudes d'octroi. La zône ainsi englobée et par conséquent imposable étant fort agrandie, le peuple parisien n'est pas content et, comme le fait remarquer un bel esprit :

« Le mur murant Paris rend Paris murmurant. »

Puis la Révolution éclate ; la Bastille est à bas ; la famille royale est ramenée de Versailles. Plus que jamais, Paris devient l'âme de la France. Cependant, après l'enthousiasme, viennent la défiance, les jalousies, les haines, la Terreur, le sang.

Pour revivre cette sinistre époque, relisez dans *Stello* l'évocation délicate et puissante qu'Alfred de Vigny en a faite.

Paris devait alors paraître bien étrange avec ses églises changées en temples à la Raison, à la Victoire, au Génie, ... avec ses couvents devenus des prisons ou des clubs révolutionnaires, ses quartiers transformés en sections [1] portant des noms à la mode du jour : Brutus, Guillaume Tell, les Sans-Culottes, les Piques ...

Enfin, avec le Directoire, Paris respire et, s'éveillant du long cauchemar, on se livre à la joie de vivre et aux plaisirs.

Cependant, Bonaparte se couvre de gloire et devient l'homme indispensable. Le voici empereur. Il rêve de faire de Paris la capitale de l'Europe et se met à l'œuvre pour l'embellir. L'Arc de Triomphe s'élève pour le retour de la Grande Armée ...

1814 — Paris est occupé par les alliés, les alliés ennemis, malgré l'héroïque résistance de Moncey.

[1] Voir le plan, pages 4-5.

Puis les Cent-Jours, tels un éclair déchaînant dans les nuées le fracas du tonnerre — et de nouveau Paris est envahi ainsi que de nouveau un roi règne aux Tuileries, s'efforçant d'oublier tout ce qui s'est passé.

1830 — dans les rues, les barricades s'élèvent, le sang coule, Charles X s'enfuit et Louis-Philippe, roi démocrate, s'efforce en vain de contenter chacun. C'est l'apogée du romantisme; le monde intellectuel est en ébullition — et, quand encore le peuple se soulève, le roi n'insiste pas mais se retire.

La République de 48 veut tenter des réformes sociales et crée les ateliers nationaux; lorsque l'expérience tourne mal, de nouveau le sang coule dans les rues. Cavaignac maîtrise l'insurrection et l'on procède à l'élection d'un président de la République. Louis-Napoléon est élu — quatre ans de présidence, deux coups d'État, le voici empereur.

Sous le Second Empire, la Cour étant aux Tuileries, Paris est de nouveau la ville la plus brillante du monde. Haussmann la transforme, abattant des quartiers entiers de vieilles rues étroites et tortueuses. Les nouvelles avenues sont droites, des casernes s'élèvent aux points stratégiques, précautions contre des insurrections possibles.

En 1869, lors de l'Exposition Universelle, Paris semble aux étrangers la ville la plus gaie du monde; cependant les nuages s'amoncellent. L'année suivante, la guerre éclate. Les désastres s'accumulent. Le 4 Septembre, Gambetta proclame la République du haut des marches du Panthéon.

Quinze jours après, Paris est investi, le siège commence. Alors, c'est la résistance stoïque, le bombardement, les sorties désespérées — et puis le froid terrible et la famine.

Le 28 Janvier 1871, l'armistice est signé; les préliminaires de la paix le sont un mois plus tard. Quelques semaines s'écoulent, puis, du 2 Avril au 21 Mai, Paris est ensanglanté par la Commune. L'Hôtel de Ville, les Tuileries, la Légion d'Honneur et d'autres bâtiments publics et privés sont brûlés; des deux côtés des exécutions sommaires ont lieu.

L'ordre enfin rétabli, Paris se relève rapidement de ces dures épreuves. Dès 1878, une exposition universelle prouve au monde que Paris est toujours debout.

Les années passent. Paris reste la capitale des arts, des sciences — et aussi des plaisirs. Sans doute, les Allemands, et beaucoup d'autres, pensent-ils que si la ville est gaie elle est efféminée, que le cœur du pays est corrompu.

Des querelles politiques, quelques scandales tapageurs commentés à grand bruit — Paris a-t-il perdu son âme? Est-ce une nouvelle Capoue pour millionnaires cosmopolites?

1914... Ceux qui ont vu les abords des gares parisiennes aux premiers jours de la mobilisation, alors que, conduits par leurs femmes, les hommes s'en allaient, ceux-là purent voir que l'âme de Paris était intacte.

Comment en quelques mots résumer ces années terribles?

Août 1914 et ses rumeurs contradictoires de victoires et de désastres ; l'exode gouvernementale sur Bordeaux ; l'angoisse résolue au moment de la Marne ; *la journée des taxis*, ultime secours de la capitale : son armée de défense transportée par ses humbles taxis jusqu'au champ de bataille...

Puis les longues années de la guerre, l'attente des communiqués, les espoirs déçus stoïquement oubliés, l'organisation fébrile pour la résistance, pour la victoire ; les flots de réfugiés ; les hôpitaux de tous côtés ; les boulevards égayés d'uniformes de toutes sortes ; les sacrifices, hélas, si lourds...

Et 1918 et son printemps d'angoisse, et ses Pâques sanglantes ; la vie de tous les jours ponctuée par les obus, les nuits de clair de lune hantées par les gothas...

Paris reste confiant dans ses enfants qui là-bas lui font un rempart de vivants — et de morts.

Enfin, Juillet ; la contre-offensive s'engage, l'ennemi recule, s'accroche, chancelle et puis s'effondre...

Paris le 11 Novembre, 11 heures : le canon tonne, les cloches sonnent ; un soleil radieux, celui de la victoire.

PROMENADES DANS PARIS

1° — LA CITÉ

RENDEZ vous à la Place du Châtelet (Plan 35 Lg). Devant vous se trouve le Pont-au-Change ; en face, de l'autre côté de la Seine, c'est l'île de la Cité, le berceau de Paris, la Lutèce de nos ancêtres gaulois.

Traversez le pont, l'un des plus anciens de Paris. Son origine remonte au IXème siècle ; plus tard, au XIIème siècle, le roi Louis VII prescrira que les changeurs de monnaie doivent tenir leur commerce dans les hautes maisons qui des deux côtés bordaient alors le pont, de là son nom de Pont-au-Change.

Détruit plusieurs fois, soit par le feu, soit par l'eau, il date dans son état actuel du début du Second Empire.

Vous voici dans l'île de la Cité. A votre droite s'élève le Palais de Justice, l'ancien palais royal où vécurent Robert le Pieux, St. Louis, Philippe le Bel, où Charles V, alors dauphin, vit les émeutiers envahir ses appartements et massacrer devant ses yeux deux de ses conseillers.

Bâti, dit-on, sur l'emplacement de l'ancien palais municipal romain, il fut très éprouvé par divers incendies, en 1618, en 1776 et aussi sous la Commune. Remarquez la tour à l'angle du quai et du Boulevard du Palais. La curieuse horloge qui s'y trouve est la plus ancienne horloge publique de France ; Charles V la fit construire en 1370.

Remontez le boulevard jusqu'à la superbe grille par laquelle vous pénétrez dans la Cour d'Honneur, appelée aussi Cour du Mai, car autrefois les clercs de la Basoche y plantaient chaque année un arbre au mois de Mai. Tournant à droite en entrant, vous arrivez à la Salle des Pas-Perdus.

C'était dans cette immense salle (restaurée plusieurs fois) qu'au moyen âge, aux jours de fête, on jouait des moralités, des farces et des mystères.

Tâchez de visiter le Palais entre 11 heures et 4 heures un jour de session, afin de voir les avocats en robe noire et leurs clients se promenant dans ce majestueux vestibule en attendant l'heure de l'audience. Puis, voyez les salles des différents tribunaux : Tribunal de 1ère instance, Cour de Cassation, dont les trois salles sont richement décorées, Cour d'Assises, Cour d'Appel, etc. L'entrée de tous ces tribunaux est publique, sauf bien entendu dans les cas exceptionnels de " huis clos." Le visiteur peut donc parfois avoir la chance d'entendre plaider des avocats célèbres, cela surtout lorsque des causes importantes sont jugées par la Cour d'Assises, la Cour d'Appel ou la Cour de Cassation.

Voyez aussi la Galerie St.-Louis commémorant le souvenir de ce roi, fondateur de l'administration judiciaire en France, et le Vestibule de Harlay s'ouvrant sur la Place Dauphine que nous verrons tout à l'heure.

La Sainte-Chapelle, l'un des plus précieux joyaux de l'architecture française, l'ancienne chapelle du palais, se trouve entourée par les bâtiments de ce dernier. On y parvient en pénétrant par le boulevard dans la cour voisine de la Cour du Mai. Cette cour conduit également aux bâtiments du Parquet, de la Police Correctionnelle et du Dépôt (première étape des gens arrêtés par la justice).

Bâtie de 1245 à 1248 par Pierre de Montereau lorsque St. Louis ayant acquis la couronne d'épines du Christ voulut donner à cette précieuse relique un abri digne de la recevoir, la Sainte-Chapelle a souffert bien des vicissitudes. Tombée dans un état de délabrement lamentable au cours du XVIIIème siècle, servant ensuite de dépôt d'archives, ce n'est que sous le Second Empire qu'elle fut enfin soigneusement restaurée avec un respect scrupuleux de la pureté de son style.

La Sainte-Chapelle se compose de deux chapelles superposées : la chapelle basse où se disaient les offices pour les domestiques du palais et sous les dalles de laquelle étaient enterrés les chanoines — et la chapelle haute à laquelle on parvient en montant de la chapelle basse par un escalier en spirale et qui, elle, servait au roi et à sa cour.

Si pour la visiter vous choisissez un jour ensoleillé, vous verrez à son mieux la gracieuse et svelte beauté de cette châsse gothique bâtie de dentelle de pierre et de lumière multicolore.

L'extérieur de la Sainte-Chapelle est malheu-

E

reusement masqué en partie par les bâtiments voisins ; néanmoins, l'ange doré et la flèche élancée qui surmontent son toit mettent une note d'allégresse sur l'ensemble sévère de leur entourage.

Ces dernières années, on a reconstruit et agrandi la partie des bâtiments officiels qui va jusqu'à l'angle du Boulevard du Palais et du Quai des Orfèvres. Tournant à droite et suivant ce quai, vous arrivez à la façade ouest du Palais de Justice, celle de la Cour d'Assises, qui date du Second Empire.

La Place Dauphine à laquelle elle fait face date du temps de Henri IV. De l'angle de ce coin endormi, faites quelques pas et, passant entre deux maisons du XVIᵉᵐᵉ siècle, dans l'une desquelles Madame Roland demeura étant jeune fille, vous débouchez sur le Pont-Neuf qui, dans son état actuel, est le plus vieux pont de Paris. Il fut bâti de 1578 à 1604, puis restauré au siècle dernier. Sur son terre-plein s'élève la statue de Henri IV.

Jadis le Pont-Neuf était un des endroits les plus animés de Paris. Des charlatans, des jongleurs et divers petits marchands s'y installaient de chaque côté et par leurs tours et leurs boniments attiraient de nombreux badauds. Ce fut là qu'au XVIIᵉᵐᵉ siècle Tabarin devint célèbre en débitant ses bouffonneries du haut de ses tréteaux.

Après avoir jeté un coup d'œil à la vue superbe sur la Seine et le Louvre, remontez le Quai de l'Horloge ; vous voici à la Conciergerie, la fameuse prison enclavée dans le Palais de Justice et flanquée de trois tours massives, imposants vestiges du vieux palais.

La Conciergerie, que de souvenirs sont rappelés par ce nom : le Tribunal Révolutionnaire, la prison de la Terreur. C'est là que Marie-Antoinette, les Girondins et Danton furent condamnés — eux et combien d'autres que les sinistres tombereaux emportèrent de la Conciergerie à l'échafaud ; c'est là enfin qu'à son tour Robespierre, la mâchoire fracassée, passa sa dernière nuit avant d'aller subir lui aussi le sort de ses victimes.

De nouveau vous vous trouvez au Boulevard du Palais. Entrez un moment au Tribunal de Commerce, dont le dôme s'élève en face du Palais de Justice, et voyez son grand escalier ainsi que la double colonnade intérieure supportant la toiture. De l'autre côté de la Rue de Lutèce, toujours sur le boulevard, se trouve la Préfecture de Police.

Prenant la Rue de Lutèce, vous arrivez au Marché aux Fleurs, qui a lieu les mercredis et samedis et qui, le dimanche, fait place au marché aux oiseaux où se vendent aussi chats, chiens et autres animaux domestiques.

En face de vous se trouve la grande masse de l'Hôtel-Dieu, le plus vieil hôpital de Paris. Fondé vers l'an 660 par St. Landry, évêque de Paris, ce ne fut d'abord qu'un petit refuge bâti de l'autre côté de la Place du Parvis pour recueillir les pélerins et voyageurs malades. A travers les siècles, ce refuge devint un grand hôpital qui, tombant en ruines, fut abattu après la construction de l'édifice actuel.

Vous voici sur la Place du Parvis ; Notre-Dame est devant vous ; vous êtes au cœur même de Paris, de Lutèce. Comment évoquer au milieu de cet entourage modernisé l'humble forteresse gauloise, la cité romaine avec son forum là où vous vous trouvez, son temple à l'endroit de la cathédrale, ses maisons de pierre qui seraient autour de vous, puis le Paris du moyen âge, sa cathédrale mérovingienne et son enclos où jadis Abélard enseignait, ensuite la nouvelle cathédrale, celle que vous voyez, s'élevant lentement aux XIIème et XIIIème siècles et devenant le symbole concret de l'âme de la cité, le pivot spirituel de ce monde médiéval, le monde de la Esméralda et de Quasimodo — et, plus tard, la vénérable aïeule follement déguisée par ses arrière-petits-enfants, Notre-Dame devenue Temple de la Raison, de la Raison personnifiée par une ballerine ...., puis le retour au culte, le sacre de Napoléon, la Commune essayant en vain d'incendier l'édifice — et enfin récemment l'humble cuirasse de sacs de terre protégeant les précieuses sculptures contre les bombes et les obus.

Après avoir fait le tour de ses nefs et de son abside, après avoir visité ses chapelles latérales, contemplé dans la pénombre de ses bas-côtés ses majestueux piliers, ses rosaces merveilleuses, sa vierge médiévale (Notre-Dame de Paris) et son chemin de croix sculpté à l'entour du chœur, belle œuvre gothique du XIVème siècle, montez si le temps est clair jusqu'au haut de ses tours et regardez de là la Cité à vos pieds telle un vaisseau amarré aux deux rives, la Seine et ses ponts et tout autour à perte de vue l'amas confus de palais, d'églises, de maisons et de rues, le Paris d'aujourd'hui.

II° — LE QUARTIER LATIN

Si, ayant visité Notre-Dame, vous retraversez son parvis pour vous rendre à la rive gauche de la Seine, vous arrivez au Petit-Pont (Plan Lh 35).

Si insignifiant qu'il paraisse, son origine est illustre. C'était là, il y a plus de deux mille ans, que se trouvait la passerelle gauloise reliant Lutèce à la rive gauche ; l'autre passerelle allant à la rive droite se trouvait, croit-on, à la place du Pont Notre-Dame. Plus tard, ces ponts, reconstruits, furent deux chaînons de la grande voie romaine, représentée de nos jours par la Rue St.-Jacques et la Rue St.-Martin.

Lorsqu'en 885 les Normands assiégèrent la ville, douze Parisiens s'enfermèrent dans la tour construite sur la rive gauche à la tête du Petit-Pont et, sans vouloir se rendre, résistèrent jusqu'au dernier.

En remontant la Rue St.-Jacques, prenez la seconde rue à gauche, la Rue Galande, puis tout de suite à gauche la Rue St.-Julien le Pauvre ; là, au numéro 11, vous trouverez cette vieille église gothique du XIIème siècle qui, bien que dépourvue de clocher et de portail, mérite une visite pour son chœur et ses absides latérales.

Elle s'élève à la place de la chapelle d'un prieuré dont Grégoire de Tours fait mention au VIᵉᵐᵉ siècle. A présent, St.-Julien le Pauvre est affecté au culte grec. De son enclos, récemment dégagé, on a une vue superbe sur Notre-Dame.

Remarquez, au n° 42 de la Rue Galande, l'enseigne du Petit St.-Julien, un curieux bas-relief provenant sans doute de l'église voisine ; puis, retournant à la Rue St.-Jacques, vous êtes devant l'église St.-Séverin, l'une des plus vieilles de la capitale, construite d'abord au XIᵉᵐᵉ siècle et restaurée à différentes époques.

Dès le moyen âge, la Rue St.-Jacques, maintenant élargie et reconstruite, fut et resta pendant des siècles l'artère principale du quartier de l'Université, le Quartier Latin. Quelques petites rues tortueuses évoquent par leurs noms désuets le vieux Paris d'alors, qui, s'il était pittoresque, devait aussi être bien insalubre. La Rue du Dante rappelle par son nom la tradition suivant laquelle l'illustre proscrit de Florence aurait étudié dans un collège s'élevant alors dans la rue voisine, la Rue du Fouarre.

En remontant la Rue St.-Jacques, vous traversez le Boulevard St.-Germain, puis, arrivant à la Rue du Sommerard et tournant à droite, vous vous trouvez au Musée de Cluny.

Ce charmant petit hôtel gothique fut d'abord la maison de ville des abbés du riche monastère des Bénédictins de Cluny. Ce fut vers 1490 que Jacques d'Amboise, l'abbé d'alors, le fit construire sur l'emplacement du palais des empereurs romains, terrain qui depuis longtemps déjà appartenait à sa communauté. De nos jours cette gracieuse résidence fait corps avec les ruines massives et rugueuses des Thermes des anciens Césars.

Passez le mur crénelé en pénétrant dans la cour d'honneur par la petite porte gothique, et vous voici devant une demeure du XVème siècle. Examinez cette charmante façade, son toit élevé et le léger parapet ajouré qui le borde, ses lucarnes et leur coiffe en dentelle de pierre, la jolie tour octogonale, les portes avec leur gracieux arc en accolade, les fenêtres croisées de leurs meneaux de pierre et dans un coin de la cour la margelle du vieux puits ; puis pénétrez dans le musée.

Pour voir en détail ses riches collections d'objets d'ameublement, d'émaux, de statuettes, de faïences, d'ivoires, de dentelles, de vêtements anciens et autres spécimens d'art appliqué à travers les siècles, il faudrait plusieurs longues visites que d'ailleurs l'amateur ne regretterait pas.

Parmi les nombreux trésors artistiques de ce musée, il ne faut pas oublier les célèbres tapisseries de « la Dame et la Licorne » datant du XVème siècle et les tapisseries flamandes du XVIème siècle représentant des scènes de l'histoire de David et de Bethsabée.

Après avoir parcouru les différentes salles de l'hôtel de Cluny et sa jolie chapelle, vous arrivez dans les ruines du palais romain que l'on appelle les Thermes de Julien, car le grand hall que vous voyez n'était que la salle des bains froids du palais. Là se trouvent réunies différentes reliques de cette époque, trouvées dans Paris au cours de diverses excavations.

Le petit jardin auquel on parvient en passant par la cour de l'hôtel contient plusieurs sculptures et fragments de monuments du moyen âge.

Sortant de Cluny, vous avez devant vous, de l'autre côté du square, le vaste édifice de la Sorbonne, siège de l'Université de Paris, dont l'origine remonte au petit collège fondé par Robert de Sorbon, chapelain de St. Louis, pour seize étudiants pauvres. Plus tard, Richelieu fit rebâtir la Sorbonne d'alors, et c'est à partir de 1885 que l'édifice actuel fut élevé.

Dans ses vestibules et ses salles, la Sorbonne contient de nombreuses sculptures et peintures modernes par Falguière, Mercié, Injalbert, Flameng, Chartran, Cazin, Roll et autres artistes. Son grand amphithéâtre, l'un des plus grands de Paris, contient la belle fresque allégorique de Puvis de Chavannes représentant les Arts et les Sciences.

Enclavée dans les bâtiments modernes, se trouve l'ancienne chapelle dont l'entrée publique est Place de la Sorbonne, du côté opposé à la Rue St.-Jacques. Elle fut bâtie par Richelieu et contient le tombeau du fameux cardinal, œuvre de Girardon.

Vous voici au centre du Paris universitaire. Rue St.-Jacques, en face de la Sorbonne, c'est le Collège de France, fondé par François Ier et dont l'édifice actuel n'est pas digne de la renommée mondiale que ses professeurs ont acquise et maintenue depuis sa fondation. Plus haut, c'est le Lycée Louis-le-Grand, puis l'École de Droit. Vous atteignez alors la Rue Soufflot, et devant vous s'élève le Panthéon.

Sur le terrain qu'il occupe, point le plus élevé du Paris de la rive gauche, les Romains avaient établi un camp et bâti un temple. Puis, Clovis y fonda l'abbaye où Ste. Geneviève fut enterrée ; la colline devint alors la Montagne Ste.-Geneviève, but de nombreux pélerinages.

Au XVIIIème siècle, la vieille église menaçant ruine, on décida de construire une nouvelle et immense église pour recevoir le tombeau de la sainte. Louis XV, devenant parfois quelque peu dévôt sur le tard, consentit à imposer une taxe supplémentaire à ses loyaux sujets afin de permettre la réalisation de ce coûteux projet.

Soufflot, l'architecte du roi, fit les plans ; puis, à sa mort, Rondelet, son élève, lui succéda dans la direction des travaux et eut à surmonter de nombreuses difficultés techniques. La Révolution se déchaînant quelques années plus tard, la vaste église fut laïcisée ; sous le nom de Panthéon, elle devint un monument à la mémoire des grands serviteurs du pays, ainsi que le rappelle sur son fronton l'inscription de la Convention : « Aux grands hommes, la Patrie reconnaissante. »

Il fut décidé que ces grands hommes reposeraient après leur mort dans les caveaux du Panthéon. Mirabeau fut le premier qui reçut cet honneur posthume, Marat le suivit ; mais peu de temps après, l'opinion publique ayant évolué, leurs restes furent ignominieusement expulsés de cette glorieuse sépulture.

Napoléon Ier rendit l'édifice au culte et, après avoir changé plusieurs fois de destination, le Panthéon a conservé celle que la Convention lui avait donnée.

Parmi les grands morts qui reposent dans ses caveaux, il faut citer J.-J. Rousseau, Voltaire, Victor Hugo, Marceau, Lannes, Lazare Carnot, l'organisateur de la victoire sous la Convention et son petit-fils, Sadi Carnot, le président de la République.

Devant l'entrée principale, se trouve *Le Penseur*, l'œuvre magistrale de Rodin. Pénétrez à l'intérieur par les grandes portes de bronze. La haute colonnade corinthienne, l'élévation des voûtes et celle du dôme, l'ensemble des peintures et des dorures et surtout le vide relatif de l'édifice laissent l'impression d'une symétrie riche et majestueuse mais froidement solennelle. Faites le tour de l'intérieur pour examiner les peintures murales de différents artistes modernes. Ce sont des scènes de l'Histoire de France, telles que le martyre de St. Denis, par Bonnat, Clovis à la Bataille de Tolbiac, par J. Blanc, des scènes de l'histoire de Jeanne d'Arc, par Lenepveu et, enfin et surtout, la vie de Ste. Geneviève par Puvis de Chavannes — dont l'un des panneaux, celui qui représente la sainte déjà âgée veillant sur la ville endormie, est d'un charme remarquable.

On peut monter, soit jusqu'au toit, soit jusqu'à la lanterne du dôme (425 marches) ; de là, naturellement, on a une vue splendide sur Paris et ses environs.

En sortant du Panthéon, vous apercevez au bout de la Rue Soufflot les arbres du Jardin du Luxembourg que nous visiterons plus tard.

Contournez le Panthéon par votre droite ; le long bâtiment que vous voyez, dont les murs portent les noms de grands écrivains, est la Bibliothèque Ste.-Geneviève. Cet édifice date du milieu du siècle dernier, mais la bibliothèque fut fondée au XVIIème siècle par le cardinal de La Rochefoucauld. Elle contient de nombreux ouvrages précieux, tels que des manuscrits du moyen âge, de nombreux incunables, des aldines et des elzévirs.

Encore quelques pas et vous voici devant St.-Etienne-du-Mont. Église de style hétéroclite s'il en est, elle n'en paraît que plus ravissante par le délicieux fouillis de ses lignes, le jet inattendu de son pittoresque clocher.

Loin de l'écraser comme on pourrait le craindre, la masse géante du Panthéon met au contraire en évidence le charme frêle et vénérable de sa petite voisine. Après la froide majesté du grand temple classique, voir St.-Etienne-du-Mont est un repos, un délassement pour les yeux.

Mais, pénétrez à l'intérieur, la surprise est égale. D'abord, c'est le gracieux jubé et ses deux escaliers s'enroulant aux piliers, le seul jubé existant à Paris et datant des premières années du XVIIème siècle ; puis ce sont les piliers élancés, la légère galerie qui les unit, la pureté des ogives, la hauteur des nefs et les

précieux vitraux dont certains remontent au
XVIème siècle. Mais ce n'est pas tout; dans une
chapelle à droite, la châsse de Ste. Geneviève
étincelle sous le feu des nombreux cierges que
les fidèles viennent allumer en offrant leurs
prières.

Autrefois, le tombeau de la sainte se trouvait
dans l'église voisine, celle de l'abbaye aujourd'-
hui disparue et dont il ne reste qu'une tour
carrée que l'on aperçoit tout à côté enclavée
dans le Lycée Henri IV.

Si maintenant vous reprenez la Rue St.-
Jacques et continuez à la remonter, vous passez
d'abord l'Institut Océanographique fondé par
le présent Prince de Monaco, puis l'église St.-
Jacques-du-Haut-Pas (assez laide, elle date du
XVIIème siècle), l'Institution des Sourds-Muets,
fondée par l'Abbé de l'Épée vers 1760, et vous
arrivez enfin au Val-de-Grâce.

Le Val-de-Grâce fut d'abord l'un des nombreux couvents qui se fondèrent dans ce quartier
sous l'impulsion religieuse d'Anne d'Autriche.
La chapelle fut bâtie sur les plans de Mansard, et
Mignard fut chargé de peindre le plafond du
dôme.

Désaffectée sous la Révolution, cette somp-
tueuse abbaye fut ensuite transformée en
hôpital militaire par Napoléon Ier. De nos jours,
le Val-de-Grâce contient également l'école qui
forme les médecins et les pharmaciens militaires.

Prenant la rue du Val-de-Grâce, vous vous
trouvez à l'extrémité du Boulevard St.-Michel,
le Boul' Mich' des étudiants ; non loin de vous

se trouve le fameux Bal Bullier. C'est à peu près à cet endroit que se trouvait l'ancien cimetière gallo-romain.

Pour retourner au centre de la capitale, vous pouvez descendre le boulevard, soit à pied, soit en tramway, passant ainsi l'École des Mines, la Gare du Luxembourg, le Lycée St.-Louis, apercevant de nouveau le Panthéon, l'église de la Sorbonne et les ruines des Thermes — et, lorsque vous atteignez la Seine, vous êtes sur la Place St.-Michel dont la jolie fontaine date du Second Empire.

IIIº — Le Luxembourg, St.-Germain-des-Prés, etc.

Si, au lieu de descendre le Boulevard St.-Michel, vous remontez de l'autre côté, vous apercevez l'Observatoire et ses coupoles au fond de son avenue (Plan Kj 42), ou bien, si vous suivez la Rue Denfert-Rochereau, vous arrivez à la place du même nom au centre de laquelle se dresse le Lion de Belfort, copie de celui de Bartholdi érigé à Belfort en souvenir de l'héroïque défense de cette ville en 1870-71 sous les ordres du colonel Denfert-Rochereau.

C'est sur cette place, dans un petit pavillon, vestige de l'ancienne barrière d'Enfer, que se trouve l'entrée des Catacombes, vaste ossuaire méthodiquement installé dans les anciennes carrières souterraines de Paris qui furent exploitées dès l'occupation romaine.

Les ossements qui s'y trouvent sont ceux qui

proviennent d'anciens cimetières supprimés au XVIIIème siècle, tels que celui des Innocents, ainsi que ceux de nombreuses victimes de la Révolution. On peut visiter ces lieux macabres, sur l'autorisation du Directeur des Travaux, à l'Hôtel de Ville.

Si, lorsque vous vous trouvez Avenue de l'Observatoire, vous la descendez en suivant la jolie perspective d'arbres et de verdure qui s'offre à vos yeux, vous passez près de la statue du maréchal Ney, le brave des braves, qui fut fusillé à cet endroit le 7 Décembre 1815 pour n'avoir pas pu se résigner à abandonner son empereur.

Puis vous voyez la charmante fontaine de Carpeaux représentant les quatre parties du globe — et, suivant les allées ombragées de l'avenue en passant sur votre gauche l'École de Pharmacie, l'École Coloniale, auprès de laquelle se trouve le Lycée Montaigne, vous arrivez au Jardin du Luxembourg, au fond duquel vous voyez ce palais.

Le Jardin du Luxembourg, l'un des plus beaux de Paris, date de l'époque à laquelle Marie de Médicis, devenue régente à la mort de Henri IV, se fit construire le palais actuel sur l'emplacement de l'ancien hôtel du duc de Piney-Luxembourg.

S'il n'offre guère de grandes pelouses, les enfants du moins y trouvent de larges espaces pour leurs ébats ainsi qu'un bassin pour leurs bateaux, leurs parents ou leurs nourrices, de grands arbres donnant de l'ombre ; quant à l'amateur de sculpture, il y trouvera de nombreux spécimens de sculpture moderne tels que le *Triomphe de Silène*, par Dalou, le monument de Watteau, par Gauquié, celui d'Eugène Delacroix, par Dalou, celui de Murger, l'auteur de *La Vie de Bohème*, par H. Bouillon, etc.

Par endroits, l'abondance de ces monuments risque de donner au jardin une vague apparence de nécropole de luxe. Toutefois, ce n'est pas le cas pour la délicieuse Fontaine de Médicis dont la nappe d'eau ombragée de platanes reflète comme un miroir la colonnade du fond avec son joli groupe.

Cette fontaine est l'œuvre de Salomon de Brosse, l'architecte du palais ; quant au groupe, représentant Polyphème surprenant Acis et Galathée, il fut exécuté par Ottin en 1852.

Le Palais du Luxembourg a subi bien des restaurations et a passé entre bien des mains. Sous la Révolution, il servit de prison ; puis, tour à tour, il fut occupé par le Sénat du Premier Empire, par la Chambre des Pairs de la Restauration et de nouveau par le Sénat sous le Second Empire ; de nos jours, c'est encore le Sénat qui l'occupe.

Prenez la Rue de Vaugirard et, passant la façade du Sénat, puis celle du Petit Luxembourg, résidence du Président du Sénat, vous arrivez au Musée du Luxembourg.

Ce célèbre musée est consacré aux œuvres des artistes contemporains. Il est donc du plus haut intérêt. Parmi les sculpteurs qui y sont représentés, il faut citer : Rodin (avec, entre autres, *La Main de Dieu, St.-Jean Baptiste, L'Âge de Bronze*), Barrias, Chapu, Dubois, Falguière, Frémiet, Injalbert, Mercié, Puech, etc.

La peinture comprend des œuvres de Binet, Rosa Bonheur, Bonnat, Bouguereau, Carolus-Duran, Carrière, Cézanne, Courbet, Degas, Detaille (*Le Rêve*), Harpignies, J. P. Laurens, Manet, Monet, G. Moreau, de Neuville, Puvis de Chavannes, Renoir, etc.

Une salle est consacrée aux peintres étrangers et contient des œuvres de Brangwyn, Sargent, Stevens, Watts, Whistler (*La mère de l'artiste*), Zulaoga, etc.

Le musée comprend aussi des médailles modernes par Chapuis, Roty, etc., des faïences, verreries, émaux et autres objets d'art moderne.

Ces riches collections sont très à l'étroit dans ce petit local, et l'on doit incessamment transférer le musée dans l'ancien séminaire de la Place St.-Sulpice.

Tout près du Luxembourg, vous apercevez le bloc massif et sévère du théâtre de l'Odéon, fondé en 1782. Ses arcades abritent des étalages de librairie, bien connus des flâneurs littéraires.

Sur la place de l'autre côté de l'Odéon s'élève le monument d'Émile Augier.

Ce quartier fut le berceau de la Révolution Française. Au n° 21 de la Rue de l'Odéon une plaque commémorative indique la maison de Camille Desmoulins.

Sur le Boulevard St.-Germain, près de l'autre extrémité de la Rue de l'Odéon, la statue de Danton s'élève là où se trouvait sa maison.

Marat aussi vivait tout à côté dans la maison, aujourd'hui disparue, où il fut assassiné par Charlotte Corday. Quelques pas plus loin, en face de l'École de Médecine, dans la rue de ce nom, le musée d'anatomie Dupuytren occupe le réfectoire de l'ancien couvent des Cordeliers. Pendant la Révolution, ce fut la salle de réunion du fameux club des Cordeliers fondé par Danton, Desmoulins et Marat.

De là, retournez au Carrefour de l'Odéon, prenez la Rue St.-Sulpice et vous voici près de cette grande église qui fut construite sous les règnes de Louis XIV et de Louis XV. Son style solennel représente bien l'époque de sa construction. Voyez les fresques de Delacroix dans la première chapelle à droite et tâchez d'entendre les orgues qui sont les plus belles de Paris. Les statues qui ornent le chœur sont de Bouchardon.

La fontaine ornant la place devant l'église fut construite sur les plans de Servandoni, l'architecte de la façade de St.-Sulpice.

Le grand bâtiment qui se trouve à droite de l'église est l'ancien séminaire qui doit éventuellement abriter les collections du Musée du Luxembourg.

Les environs de St.-Sulpice contiennent de nombreuses boutiques de vêtements d'église, statues, peintures, images et autres objets religieux.

Tout près de là le marché St.-Germain occupe l'emplacement de la Foire St.-Germain, si populaire au XVème siècle. A côté du marché, se trouve l'Hôtel des Examens, bâti récemment,

F

en bordure de la Rue Mabillon — nom qui évoque déjà dans la mémoire de bien des anciens écoliers ou écolières le souvenir des examens qu'ils y ont passés . . . ou essayé d'y passer.

De là, vous arrivez au Boulevard St.-Germain et à l'église St.-Germain-des-Prés, la plus ancienne de Paris. Rebâtie vers la fin du Xème siècle, puis restaurée bien des fois, elle faisait partie de la célèbre et richissime abbaye fondée au VIème siècle par Childebert.

Pendant la Révolution, l'abbaye, aujourd'hui disparue, servit de prison et devint tristement célèbre par les massacres qui y eurent lieu en Septembre 1792 — célébrité qu'elle partage avec, entre autres, l'ancien couvent des Carmes situé Rue d'Assas.

Non loin de cette église se trouvait le fameux Pré-aux-Clercs, lieu favori des clercs de la Basoche pour leurs ébats et pour le règlement de leurs affaires d'honneur.

En suivant la Rue Bonaparte vers la Seine, vous arrivez à l'École des Beaux Arts, qui contient d'intéressants fragments de vieux monuments français, entre autres, le joli portail du château d'Anet (qui fut bâti pour Diane de Poitiers par Philibert Delorme et Jean Goujon) et une partie de la façade du château de Gaillon.

L'École des Beaux-Arts possède une riche collection de copies des chefs-d'œuvre de sculpture et de peinture de la Renaissance, ce qui permet aux étudiants de comparer facilement les œuvres des différents maîtres.

Dans chacune des quatre sections de l'École

(sculpture, peinture, gravure et architecture), l'élève qui obtient le Grand-Prix de Rome est envoyé à Rome pour quatre ans aux frais de l'État pour parfaire son éducation artistique. Les œuvres que ces élèves envoient de Rome sont exposées publiquement dans la grande salle en bordure du quai.

Le Palais de l'Institut qui se trouve à côté est le siège de l'Académie Française ainsi que des Académies des Sciences, des Beaux-Arts, des Inscriptions et Belles-Lettres et des Sciences Morales et Politiques. Ce palais, bâti par Mazarin pour son collège des Quatre-Nations, contient aussi la riche Bibliothèque Mazarine réunie par le célèbre cardinal.

C'est à peu près à cet endroit que s'élevait jadis la Tour de Nesle, résidence royale si fameuse par les crimes dont la tradition populaire et les romanciers ont chargé la mémoire de Marguerite de Bourgogne, l'épouse de Louis X le Hutin.

Quelques pas plus loin, vous trouvez l'Hôtel des Monnaies, construit à la fin du XVIIIème siècle, que l'on peut visiter les mardis et vendredis de midi à 3 heures si l'on est muni d'une autorisation du Directeur, obtenue sur demande écrite. En plus des ateliers, on peut voir une collection de monnaies de différentes époques et de différents pays. Peu de personnes savent que la Monnaie consent à vendre des exemplaires de diverses médailles et plaquettes gravées par ses artistes.

Regardez en passant la maison portant le

n° 13 du Quai Conti. Autrefois, une de ses mansardes eut comme locataire un jeune lieutenant pauvre et travailleur, le lieutenant Bonaparte, futur empereur des Français.

Les vieilles rues qui se trouvent derrière la Monnaie et l'Institut abondent en souvenirs du vieux Paris. Beaucoup de leurs hôtels, déchus de leur grandeur, sont de nos jours loués en appartements.

C'est le quartier des marchands d'antiquités et des vieux livres. Le long des quais, le dessus du parapet est couvert des étalages en plein air des librairies d'occasion où l'amateur ou le simple flâneur peuvent feuilleter à loisir les livres de toutes sortes, humbles livres brochés, vieux bouquins dédorés, qui viennent échouer dans les boîtes des marchands.

En face, de l'autre côté de la Seine, le Louvre s'étend majestueusement. Du Pont-des-Arts, légère passerelle qui va vous y conduire, vous avez une jolie vue sur la Seine et sur l'Île de la Cité.

IV° — Le Louvre, le Palais-Royal, etc.

Le Louvre, le plus grand, le plus fameux, le plus riche des palais de Paris, lié intimement à sa vie depuis le Moyen-Age.

D'abord ce fut le château-fort du roi Philippe-Auguste, juste en dehors des murs de sa bonne ville. Plus tard, Charles V s'y installe, s'étant dans sa jeunesse senti trop près de ses sujets lorsque au Palais de la Cité il se trouva à la merci des émeutiers. Sous ses ordres, le Louvre devint alors une charmante résidence gothique, bien que conservant son donjon et ses murs crénelés.

Puis vint la Renaissance, et François Ier confia à Pierre Lescot la reconstruction du vieil édifice. L'exécution de cette entreprise se poursuivit et se développa sous les règnes suivants ; le lecteur pourra en suivre le cours en se reportant au plan historique du Louvre (page 48).

Les parties les plus remarquables du palais sont celles qui furent bâties par Pierre Lescot et décorées par Jean Goujon, ainsi que la Galerie du bord de l'eau datant de Catherine de Médicis et celle d'Apollon remontant au règne de Henri IV.

Avant d'entrer au Louvre, si vous venez du Pont-des-Arts, contournez-le sur votre droite afin de voir la célèbre Colonnade de Perrault formant la façade est, puis, en face d'elle, vous voyez St.-Germain-l'Auxerrois, vieille église gothique en remplaçant une autre qui datait du VIème siècle. L'intérieur de son charmant porche était autrefois décoré de fresques, maintenant bien abîmées.

Cette église, qui a subi bien des restaurations, servit autrefois de chapelle royale du Louvre. Sa petite tour carrée contient la cloche qui dans la nuit du 23 au 24 août 1572 donna par son tocsin le signal du massacre de la Saint-Barthélemy.

La tour simili-gothique et la mairie qui fait pendant à l'église datent du siècle dernier.

Contournez la Colonnade de Perrault ; en face de vous, de l'autre côté de la Rue de Rivoli, vous apercevez derrière les arcades la statue de l'amiral de Coligny, le vénérable chef du parti protestant qui fut l'une des premières victimes de la Saint-Barthélemy. L'hôtel où il fut assassiné s'élevait un peu plus loin, Rue de Rivoli ; la maison qui se trouve à cet endroit porte une plaque commémorative.

Derrière la statue de Coligny se trouve le Temple protestant de l'Oratoire, autrefois chapelle du couvent de ce nom.

Remontant la Rue de Rivoli à main gauche, vous arrivez à l'entrée du Pavillon Marengo qui vous conduit dans la Cour du Louvre.

Visiter le musée du Louvre en détail est une tâche à laquelle il faudrait consacrer des journées entières. En décrire les collections ne peut donc pas rentrer dans le cadre de ce petit livre. Voici cependant quelques brèves indications pour guider le visiteur.

La sculpture antique et moderne occupe le rez-de-chaussée ; l'entrée principale s'en trouve au Pavillon Denon (datant de Napoléon III — voir le plan, page 48). Tournant sur votre gauche, vous passez au haut de quelques marches la Victoire de Samothrace, ce merveilleux chef-d'œuvre antique qui, malgré ses mutilations, reste si vivant dans son attitude.

Suivant tout droit à travers plusieurs salles, vous arrivez enfin à la *Vénus de Milo*, l'un des plus précieux trésors du Louvre ; faisant demi-tour et visitant les salles parallèles à celles que vous venez de voir, vous remarquez, entre autres, la *Vénus d'Arles*, le *Héros combattant* et la *Diane de Gabies*. Arrivé dans la salle contenant la *Diane à la Biche*, vous tournez à angle droit et, traversant le Corridor de Pan, vous parvenez à la Salle des Gardes ornée des *Caryatides* de Jean Goujon.

C'est dans cette salle qu'eut lieu le mariage de Henri de Navarre et de Marguerite de Valois, sœur de Charles IX, la reine Margot. Henri de Navarre, le futur Henri IV, étant alors chef des Protestants, toute l'élite de ce parti se rendit à la cérémonie. Après cinq jours de fêtes, un grand nombre d'entre eux furent massacrés à l'aube de la Saint-Barthélemy. Trente-huit ans plus tard, la salle servit de chapelle ardente pour Henri IV assassiné ... Ce fut encore dans cette salle que Molière joua devant la Cour ses propres comédies.

Traversant sous la voûte du Pavillon de l'Horloge, vous arrivez aux salles de sculpture moderne contenant entre autres des œuvres de Puget, de Coysevox, des Coustou, de Houdon (voyez sa célèbre *Diane*), de Bouchardon, Barye, Rude, Carpeaux, etc.

Allant sous la voûte faisant face à St.-Germain-l'Auxerrois, vous avez à gauche les antiquités asiatiques et à droite les antiquités égyptiennes ; puis de là vous trouvez dans les salles qui longent la Seine les sculptures du moyen âge (œuvres de Germain Pilon, Jean Goujon, Donatello, della Robbia, etc.).

Plusieurs escaliers conduisent au premier

étage. Partant de la *Victoire* de Samothrace et montant les marches à sa gauche vous arrivez à la Rotonde et de là à la Galerie d'Apollon. Cette belle salle, richement décorée d'après les plans de Le Brun qu'il exécuta en partie et qui furent achevés par Delacroix et d'autres artistes modernes, contient de précieux objets d'art du moyen âge (émaux, reliquaires, etc.) et aussi ce qui reste des joyaux de la couronne, y compris le Régent, l'un des plus beaux diamants du monde, pesant 136 carats.

De là, arrivant au Salon Carré, vous pénétrez dans le musée de peinture.

Ce salon, la Grande Galerie qui longe la Seine ainsi que les salles et galeries adjacentes et aussi certaines salles du deuxième étage sont consacrés aux tableaux. Le visiteur désireux d'examiner à loisir ces riches collections fera bien d'acheter le guide officiel vendu à l'entrée du Musée, afin d'être renseigné sur l'emplacement exact des tableaux qui parfois sont changés de place.

Dans le Salon Carré, plusieurs chefs-d'œuvre des écoles italiennes sont réunis ainsi que quelques tableaux célèbres d'autres écoles. De là, on arrive à la Grande Galerie occupée principalement par les écoles italiennes et aussi par des tableaux des écoles espagnole, anglaise, flamande et allemande.

A l'extrémité de la Grande Galerie se trouve la salle consacrée à Van Dyck, conduisant à celle de Rubens autour de laquelle sont disposées seize petites pièces contenant des œuvres des maîtres flamands et hollandais. De la Salle Rubens, on arrive à celles qui contiennent la riche collection Chauchard.

En remontant la Grande Galerie à partir du Salon Carré, on trouve à main droite, d'abord, la Salle des Sept Mètres contenant des Primitifs italiens, puis une grande salle consacrée à l'école française du XIXème siècle, conduisant à la Salle des Portraits des Peintres qui s'ouvre à droite sur la Galerie Daru (peintres français du XVIIIème siècle) et à gauche sur la Galerie Mollien (peintres français du XVIIème siècle). L'extrémité opposée de cette galerie est reliée à la Grande Galerie par quatre petites salles contenant des œuvres de peintres français primitifs et de la Renaissance.

Le Louvre est justement célèbre pour sa richesse en tableaux des vieux maîtres et particulièrement en œuvres des écoles italiennes. Parmi les plus illustres, on peut citer :—

Cimabue, Giotto, Fra Angelico (*Le Couronnement de la Vierge*), Benozzo Gozzoli, Fra Filippo Lippi (*Madone et l'Enfant Jésus*), Ghirlandajo (la *Visitation*), Signorelli, Botticelli (sa *Madone* — et aussi ses fresques de la Villa Lemmi qui, elles, se trouvent sur le palier de l'escalier près de la *Victoire* de Samothrace), le Pérugin (*St. Sébastien*), puis Léonard de Vinci dont le Louvre possède, entre autres, la *Vierge aux Rochers*, la *Belle Ferronnière* et, fameuse entre toutes, la *Joconde* au sourire énigmatique — et à la fugue retentissante, Raphaël qui est représenté par la *Belle Jardinière*, la *Vierge au Voile*, et d'autres toiles, le Corrège qui l'est par *Jupiter et Antiope* et par le *Mariage de Ste.-Catherine*, Paul Véronèse avec son immense toile des *Noces de Cana* et son *Christ à Emmaüs*

— et enfin le Titien, richement représenté avec entre autres le *Sommeil d'Antiope*, le *Titien et sa Maîtresse*, l'*Homme au Gant*, etc.

Les grands maîtres de l'école espagnole sont présents au Louvre avec Velazquez (voyez ses deux *Infantes* et aussi son portrait de Philippe IV), avec Murillo (sa *Cuisine des Anges* et l'*Immaculée Conception* — ainsi qu'avec Ribera et Goya.

De l'école allemande, le Louvre possède, entre autres, huit portraits par Holbein, une tête de vieillard par Dürer et quelques toiles des XVème et XVIème siècles.

Les maîtres flamands sont richement représentés par Van Eyck, Quentin Matsys, puis par Rubens avec sa magnifique série de vingt-et-une scènes de la vie de Marie de Médicis et aussi par Van Dyck (voyez, entre autres, son portrait de Charles Ier d'Angleterre) — sans oublier Snyders, Jordaens et surtout Téniers.

La collection de l'école hollandaise comprend une vingtaine de toiles par Rembrandt (son portrait, sa *Sainte Famille*, son *Christ à Emmaüs*, etc.), puis, des paysages de Hobbema et de Ruysdaël, des portraits de Franz Hals et des petites toiles de Dou, Terburg, P. de Hooch et Jan Steen.

L'école anglaise n'est représentée au Louvre que par une vingtaine de toiles comprenant des portraits de Raeburn et de Lawrence et des paysages de Gainsborough, Constable et autres.

Quant à la peinture française, elle occupe naturellement une place des plus importantes. Parmi les nombreux artistes qui la représentent, se trouvent :—

Clouet, Le Sueur (*Vie de St. Bruno*), Poussin (« *Et in Arcadia ego* »), Claude Lorrain, Mignard, Le Brun, Largillière et Nattier (portraits), Chardin (la *Mère de famille*, le *Benedicite*), Watteau (*L'Embarquement pour Cythère*), Greuze (la *Cruche cassée*, la *Laitière*), Prud'hon (l'*Enlèvement de Psyché*, *Le Crime poursuivi par la Justice et la Vengeance Divine*), David (le *Sacre de Napoléon*, *Les Sabines*, *Mme Récamier*), Géricault (*Le Radeau de* *la Méduse*), Madame Vigée-Lebrun (*Portrait de l'artiste et de sa fille*), Ingres (*Odalisque, Portrait de Bertin*), Delacroix (*Dante et Virgile aux Enfers*), Troyon (*Bœufs allant aux champs*), Courbet (*L'Enterrement à Ornans*), Th. Rousseau (*La Forêt de Fontainebleau, Marais dans les Landes*).

Enfin, la collection Chauchard est particulièrement riche en toiles de Corot (*Le Matin, Danse des Nymphes*, etc.), de Troyon (*La Vache Blanche*, etc.), de Millet (son fameux *Angelus*) et de Meissonier (« *1814.* »)

Au premier étage se trouvent également la suite des collections d'antiquités égyptiennes ainsi que les objets trouvés au cours de fouilles en Étrurie, en Chaldée et en Susiane. Le musée des dessins, la salle des ivoires, celles des bronzes, des céramiques et des poteries, et celles du Mobilier français occupent le reste du pourtour de la Cour d'Honneur.

Le musée de la Marine avec ses nombreux modèles de navires de tous genres forme l'une des collections les plus populaires du Louvre. Il se trouve au 2ème étage où sont exposés également des tableaux français du XIXème siècle, entre autres, ceux de la collection Thomy-Thiéry.

Sortant du Louvre, traversez la Place du Carrousel et, tournant le dos à son Arc de Triomphe que Napoléon fit élever, vous avez une vue d'ensemble de l'immense palais. Vous retournant, vous voyez alors l'admirable perspective des Tuileries avec leur jet d'eau, de l'obélisque de la Place de la Concorde et enfin, au fond des Champs-Elysées, de l'Arc de Triomphe de l'Étoile.

En consultant le plan (page 48), vous remarquerez que les extrémités des deux ailes du Louvre d'aujourd'hui étaient reliées autrefois par le Palais des Tuileries.

Ce palais, construit sur les ordres de Catherine de Médicis, c'est à dire longtemps avant que le Louvre ait pris son développement actuel, fut brûlé par la Commune. Avec lui disparurent les reliques d'un long passé historique. Louis XVI était venu y résider en 1789, quand la populace l'avait amené de force de Versailles, et c'est encore aux Tuileries que l'infortuné monarque fut ramené après son évasion qui échoua à Varennes ; puis, le 10 août 1792, alors que le palais était attaqué par les émeutiers, le roi et sa famille traversant le jardin des Tuileries allèrent se réfugier sous la protection de l'Assemblée Législative qui siégeait au Manège dont l'édifice s'élevait en face de l'emplacement de l'Hôtel Continental.

De là, le malheureux souverain fut envoyé au donjon du Temple qu'il ne devait quitter que pour se rendre à l'échafaud. Quant aux malheureux Suisses qui formaient la garde royale et qui avaient défendu le palais contre l'émeute, ils furent presque tous massacrés soit dans le palais même, soit dans les jardins.

Plus tard, les Tuileries servirent de résidence à Napoléon Ier, Louis XVIII, Charles X, Louis-Philippe et Napoléon III.

Les gracieux jardins établis sur l'emplacement du palais et connus sous le nom de Jardins Réservés conduisent à l'ancien jardin des Tuileries qui fut dessiné par Lenôtre.

Ces jardins sont ornés de nombreuses statues ; les jeudis et dimanches, jours de congé, le grand bassin près de l'entrée de la Place de la Concorde est sillonné en tous sens par les voiliers et autres minuscules navires que les enfants font voguer sur ses flots.

En traversant la Rue de Rivoli à la hauteur de la Rue des Tuileries, vous vous trouvez à l'endroit où s'élevaient au XIVème siècle les fortifications de la ville. C'est là qu'en 1429 Jeanne d'Arc fut blessée en conduisant les troupes royales à l'assaut de la Porte St.-Honoré. La statue équestre, œuvre de Frémiet, qui se trouve Place des Pyramides rappelle cet épisode de l'histoire nationale.

Un peu loin, presque à l'angle de la Rue St.-Honoré, l'église St.-Roch évoque le souvenir de la journée du 13 Vendémiaire (1795) lorsque Bonaparte, chargé de défendre la Convention contre l'insurrection, plaça sa batterie devant l'église sur la place qui s'étendait alors jusqu'aux Tuileries et, ouvrant le feu, dispersa en les prenant de flanc les masses qui s'avançaient.

C'est à St.-Roch que se trouve le tombeau de Corneille. En remontant la Rue de Rivoli et en longeant le Louvre vous passez l'entrée du Musée des Arts Décoratifs et de son intéressante bibliothèque publique les concernant ; tout à côté, se trouve la partie du palais qui est occupée par le Ministère des Finances.

Vous voici arrivé à la Place du Palais-Royal. Le Palais-Royal, en face de vous, est occupé par le Conseil d'État.

Bâti par Richelieu, il fut occupé ensuite par Anne d'Autriche, puis par les ducs d'Orléans, d'abord le frère de Louis XIV, puis son fils, le Régent, tristement célèbre par sa vie dépravée. L'arrière-petit-fils de ce dernier, à court d'argent, fit bâtir des maisons de rapport autour du jardin de son palais. Ce fut lui qui sous la Révolution se fit appeler Philippe-Égalité et qui, membre de la Convention, n'hésita pas à voter la mort de Louis XVI, son propre cousin ; à son tour il fut guillotiné quelques mois plus tard.

A cette époque, le Palais-Royal était le centre de la vie parisienne ; un monde très mélangé se pressait dans ses galeries, encore inachevées après l'incendie de 1781. Ses cafés regorgeaient de citoyens et de demi-mondaines. Certains cabarets de réputation louche, installés dans des caveaux, étaient des repaires de conspirateurs et d'aventuriers.

C'est dans le jardin du palais que, le 12 Juillet 1789, un jeune journaliste, enflammé par les idées nouvelles de liberté et d'égalité, grimpa sur une chaise et, enthousiasmant la foule par ses paroles vibrantes, devint en un moment le grand homme du jour ; son nom, Camille Desmoulins ; le surlendemain, la Bastille était prise.

Aujourd'hui, sa statue au geste impulsif évoquant ces jours de fièvre contraste singulièrement avec l'aspect paisible de son entourage ; quelques enfants s'ébattent dans le jardin, quelques passants font retentir de leurs pas les voûtes des galeries quasi-désertes. Peu à peu les bijoutiers qui autrefois s'y trouvaient si nombreux vont s'installer ailleurs; le Palais-Royal est délaissé ; une fois de plus, le centre de Paris s'est déplacé.

Avant de quitter ce jardin si rempli de souvenirs, voyez la statue de Victor Hugo, œuvre de Rodin, placée dans l'un des parterres.

Faisant corps avec le Palais-Royal, se trouve la Comédie Française, qui fut bâtie peu de temps avant la Révolution, et qui fut restaurée après l'incendie de 1900. Molière n'a donc jamais joué dans ce théâtre ; toutefois, ce sont les successeurs de ses « Comédiens français » qui s'y installèrent en 1799 avec leur répertoire comprenant, entre autres, ses pièces ; c'est pour cette raison que la Comédie Française est appelée parfois la « Maison de Molière. »

De la Place du Théâtre Français part l'Avenue de l'Opéra, bordée de luxueuses boutiques et au bout de laquelle vous apercevez l'Opéra. Prenant la Rue de Richelieu, vous arrivez bientôt à la Fontaine Molière, élevée à la mémoire du grand comique dont la maison mortuaire est celle du n° 40 de la Rue Molière.

Continuant votre chemin, vous atteignez sur votre droite le vaste édifice de la Bibliothèque Nationale qui est bâti sur l'emplacement du palais que Mazarin se fit construire.

L'origine de la Bibliothèque Nationale remonte loin ; St. Louis, puis Charles V, Louis XI et Charles VIII s'occupèrent de faire rassembler des collections de manuscrits. Ce fut François Iᵉʳ qui eut l'idée d'ordonner qu'un exemplaire de chaque livre imprimé en France fût déposé à la Bibliothèque Royale. Grâce à ce principe du dépôt légal, la Bibliothèque s'enrichit rapidement ; elle possède maintenant plus de trois millions et demi de volumes dont certains sont des manuscrits ou des éditions de la plus grande rareté.

Le Cabinet des Médailles et des Antiques qui fait partie de la Bibliothèque Nationale possède de riches collections de médailles, intailles, camées et autres petits objets d'art.

Le Square Louvois, en face de la Bibliothèque Nationale, marque l'emplacement de l'ancien Opéra ; c'est en sortant de ce théâtre que le duc de Berry fut assassiné par Louvel en 1820.

Remontant toujours la Rue de Richelieu, vous arrivez à la Rue du Quatre-Septembre dont le nom rappelle le jour de la proclamation de la République, en 1870.

Tournant à droite, vous atteignez bientôt la Bourse, grand édifice de style gréco-romain dont la construction fut entreprise sous le Premier Empire.

C'est entre midi et trois heures que la Bourse est ouverte, et, tant à l'intérieur que sur les marches de sa façade, le bruit confus et assourdissant de voix offrant et demandant les valeurs, criant leur cours, paraît étrange à ceux que n'y sont pas habitués.

Vous voici au centre du Paris des affaires, celui des banques, des agents de change, du commerce en gros des tissus et de bien d'autres articles. Quelques pas plus loin, ce sont les Boulevards avec les terrasses de leurs nombreux cafés et leur flot incessant de passants et de véhicules.

V° — Les Halles et le Châtelet

Si partant de la Bourse (Plan Ke 34) vous prenez la Rue Notre-Dame-des-Victoires, vous arrivez bientôt à la Place des Petits-Pères sur laquelle se trouve la façade de l'église Notre-Dame-des-Victoires.

Cette église doit son nom à la victoire de Louis XIII sur les Protestants à la Rochelle (1628). Son apparence est bien insignifiante, mais pénétrez à l'intérieur et voyez les nombreuses petites plaques de marbre qui recouvrent les murs, ainsi que les décorations, épées et autres objets militaires placés près de l'autel de la Vierge. Ce sont autant d'ex-voto, car cette église est un lieu de pélerinage très fréquenté, et les nombreux cierges qui brûlent auprès de l'autel de la Vierge témoignent de la dévotion qu'elle inspire.

La Rue du Mail partant de là ainsi que la Rue d'Aboukir qui lui est parallèle abritent malgré leur apparence terne et démodée des maisons de gros très importantes dans le monde des tissus et de la confection.

La petite rue Vide-Gousset (ce vieux nom rappelle-t-il les précurseurs des pick-pockets modernes?) vous conduit à la Place des Victoires au milieu de laquelle Louis XIV vêtu en empereur romain caracole sur son cheval de bronze.

Lorsque cette place fut planée vers 1685, il fut décidé que toutes ses maisons resteraient symétriques. Le commerce qui a envahi ces vieux hôtels n'a pas respecté cette clause, au grand détriment de l'apparence de la place.

Prenez la Rue Croix-des-Petits-Champs, vous voici à la Banque de France, installée dans l'Hôtel de la Vrillière qui fut bâti par Mansard mais qui subit de nombreuses transformations l'adaptant à son usage actuel.

La Rue Coquillière vous mène à la Rue du Louvre ; à votre gauche vous apercevez les bâtiments de l'Hôtel des Postes et, tournant à droite, vous arrivez à la Bourse du Commerce.

Cette grande rotonde, dont les abords sont très animés les mercredis après-midi lors du marché aux blés, occupe un emplacement historique.

Au XIIIème siècle, l'hôtel qui s'y élevait vit mourir Blanche de Castille ; plus tard, une Communauté religieuse occupa ce domaine et vers 1580 Catherine de Médicis s'y fit construire une jolie résidence. La seule relique de cet édifice est une curieuse colonne se dressant derrière la rotonde et dont la reine se servait pour ses observations astrologiques.

Prenant la Rue Oblin, vous arrivez devant la façade de St.-Eustache, façade bien médiocre pour un si bel édifice.

Bâtie du XVIème au XVIIème siècle, St.-Eustache est un curieux mélange des styles Gothique et Renaissance ; toutefois, les belles proportions de ses nefs et la grande hauteur de ses voûtes la mettent au rang des plus belles églises de Paris. Plusieurs tombeaux remarquables s'y trouvent, entre autres celui de Colbert par Coyzevox.

Les orgues de St.-Eustache sont célèbres et l'église est réputée pour sa musique religieuse.

Si avant de traverser les pavillons des Halles, auprès desquels vous vous trouvez, vous remontez la Rue Montorgueil jusqu'à la Rue Étienne-Marcel, vous apercevez bientôt de l'autre côté de cette dernière rue la Tour de Jean-sans-Peur, relique de l'hôtel des Ducs de Bourgogne, datant du XVème siècle.

Les pavillons actuels des Halles furent construits sous le Second Empire par Baltard qui innova ce genre de construction en métal, brique et verre.

L'origine du grand marché parisien remonte plus haut que Louis VI (1081-1137), car ce fut lui qui réglementa l'organisation du marché d'alors.

Les Halles furent longtemps le centre de la vie populaire. C'était là que se trouvaient le pilori et le gibet du roi.

Vers minuit et aux premières heures du matin, les Halles présentent un aspect des plus pittoresques ; de tous côtés, les provisions arrivent soit par voitures, soit par le tramway spécial d'Arpajon ; au fur et à mesure de leur arrivée elles sont entassées sur les trottoirs, sur les chaussées, partout où il y a de la place, afin d'être vendues en gros.

Les abords des Halles sont occupés par de nombreux magasins de commissionnaires et d'expéditeurs de denrées alimentaires — et, à l'odeur ou au parfum qui émane de ces boutiques, on devine facilement la nature de leur stock.

Certains cafés et cabarets des alentours parmi ceux qui restent ouverts toute la nuit à cause de leur clientèle des Halles se sont acquis une réputation douteuse de repaires d'apaches et à ce titre reçoivent la visite de touristes désirant explorer les bas-fonds de la capitale ; ils se sont d'ailleurs adaptés à cette clientèle sans se départir de leur couleur locale. Il ne faut pas conclure de ceci que tous les cabarets de ce quartier ne font que de la mise en scène réaliste, car parfois d'imprudents amateurs de réalisme pourraient finir par en trouver plus qu'ils n'en cherchent.

Près de l'extrémité de la Rue Berger, du côté opposé à la Bourse du Commerce, se trouve le Square des Innocents. C'est là l'emplacement du grand cimetière des Innocents qui du XIIème siècle jusque sous le règne de Louis XVI renferma la sépulture d'innombrables Parisiens des classes moyennes et pauvres. les humbles étant généralement enfouis pêle-mêle sans aucun égard pour l'hygiène du quartier, l'un des plus populeux de la ville.

C'est sous une galerie construite contre la muraille du cimetière que se trouvaient les fameuses peintures de la Danse Macabre, ornées de leurs légendes villonnesques pleines d'une philosophie naïve et narquoise.

Au milieu du petit square s'élève la jolie fontaine de Pierre Lescot, décorée de gracieuses sculptures dont certaines sont de Jean Goujon.

De l'autre côté du square, du côté opposé à la Rue Berger, traversez sous la voûte de cette vieille maison, vous voici dans la Rue de la Ferronnerie presque à l'endroit où en 1610 Henri IV fut poignardé par Ravaillac au moment où sa voiture était arrêtée par un encombrement dans la rue.

Suivez la Rue de la Ferronnerie, traversant la Rue St.-Denis, cette vieille rue parisienne, puis le moderne Boulevard Sébastopol et, prenant en face la Rue de la Reynie, vous passez la Rue Quincampoix.

Cette petite rue étroite et insignifiante devint soudain sous la Régence le centre d'une animation extraordinaire. Du matin au soir les gens s'y pressaient, se livrant avec passion au nouveau genre de spéculation qu'un financier écossais, Law, avait lancé en innovant en France la monnaie fiduciaire. C'est dans cette rue que se trouvaient ses bureaux ; on sait par quelle désastreuse banqueroute se termina cette aventure, qui acheva de de désorganiser les finances publiques et qui causa la ruine de nombreuses familles.

La Rue de la Reynie vous conduit à la Rue St.-Martin, la vieille voie romaine d'autrefois.

Pendant plusieurs siècles la Rue St.-Martin

fut le centre du commerce de la draperie ainsi que le rappelle Balzac dans son délicieux petit roman *La maison du Chat qui pelote*. De nos jours, la plupart de ces gros commerçants ont délaissé la Rue St.-Martin pour la Rue du Sentier et ses alentours ainsi que pour ceux de la Bourse. Toutefois, la Rue St.-Martin ne reste pas inactive et ses vieilles maisons abritent de nombreux ateliers d'articles de Paris et des magasins de confection en gros.

Suivez-la à droite et vous voici devant St.-Merri, vieille église gothique du début du XVIᵉᵐᵉ siècle bâtie sur l'emplacement de la petite chapelle où ce saint fut enterré vers la fin du VIIᵉᵐᵉ siècle.

Suivant toujours la Rue St.-Martin, vous arrivez à la Tour St.-Jacques, l'un des plus beaux joyaux gothiques de France. Bâtie de 1508 à 1522, elle servit de tour à l'église St.-Jacques-de-la-Boucherie détruite en 1789. La statue de Pascal qu'elle abrite rappelle les expériences qu'il y fit de son sommet sur la pression atmosphérique. De nos jours, une station météorologique est installée au haut de la tour.

C'est dans le square qui l'entoure que se trouve la statue par Coutan appelée *La porteuse de pain*, charmante étude d'un type bien parisien.

Descendant vers la Seine, vous arrivez à la Place du Châtelet.

L'origine du Châtelet remonte au temps de l'occupation romaine. Le premier Châtelet fut, croit-on, une forteresse romaine défendant sur la rive droite les abords de la Cité. Puis, rebâti au moyen âge et restauré à diverses époques, devenu un morne bâtiment à tourelles gothiques, abritant tout à la fois un tribunal sévère, une prison de sinistre réputation et la morgue de la ville, le Châtelet fut abattu au début du siècle dernier.

De nos jours, la place datant du Second Empire est ornée d'une fontaine servant de socle à une colonne couronnée par une *Renommée* dorée, œuvre de Bosio. Cette fontaine commémore les premières victoires de Napoléon Ier.

D'un côté de la place, se trouve le Théâtre du Châtelet et de l'autre le Théâtre Sarah Bernhardt.

VI° — L'Hôtel de Ville. La Place des Vosges. La Place de la Bastille. L'Île St.-Louis.

Suivant de là l'Avenue Victoria, dont le nom rappelle l'amitié de la reine d'Angleterre et de Napoléon III, vous arrivez à l'Hôtel de Ville (Plan Lg 35).

La grande place sur laquelle vous vous trouvez s'appelait autrefois Place de Grève, car à cet endroit le sol descendait en pente douce jusqu'à la rivière, formant une grève qui dès l'occupation romaine servait de port d'échouage.

Cette place devint ainsi l'endroit le plus fréquenté par les bateliers ou, comme on les appela plus tard, les marchands de l'eau. Lorsque leur corporation, devenue la plus riche et la plus influente de la ville, prit l'ascendant dans la direction des affaires municipales, leur chef, le prévôt des marchands, fut installé dans une maison de médiocre apparence située sur la place et appelée la Maison aux Piliers en raison des piliers soutenant sa façade et formant une galerie ouverte au rez-de-chaussée.

Ce fut seulement en 1553 qu'on entreprit la construction d'un véritable Hôtel de Ville. Cet édifice de style Renaissance, restauré à diverses reprises, ne disparut qu'en 1871, lorsqu'il fut incendié par la Commune.

L'Hôtel de Ville actuel, élevé sur le même emplacement, rappelle par ses grandes lignes l'édifice d'autrefois, tout en étant beaucoup plus vaste. Parmi les nombreux artistes modernes qui ont contribué à sa décoration, on peut citer Puvis de Chavannes, Roll, Gervex, Carrière, Maignan, Barrias, Mercié.

L'extérieur est orné de nombreuses statues de grands hommes. Du côté de la Seine, la statue équestre d'Étienne Marcel, le célèbre prévôt des marchands, se dresse au-dessus du jardin.

De même que l'Hôtel de Ville, l'ancienne Place de Grève fut intimement liée à l'histoire de la ville. C'est là que se faisaient généralement l'exécution des condamnés à mort avec toute la cruauté coutumière aux siècles passés. Ravaillac, l'assassin de Henri IV, la marquise

de Brinvilliers et la Voisin, les célèbres em-
poisonneuses, Cartouche, le fameux bandit,
et bien d'autres furent exécutés sur cette place.

Autrefois, les ouvriers sans travail se réu-
nissaient sur la Place de Grève ; telle est
l'origine de l'expression « se mettre en grève. »

Passez derrière l'Hôtel de Ville et, lui tournant le dos, vous voyez à votre gauche la
caserne Napoléon (Garde Républicaine), à
votre droite l'annexe de l'Hôtel de Ville,
anciennement Caserne Lobau, puis au fond
de l'espace entre ces deux édifices vous apercevez une église dont la façade du XVIIème
siècle n'a rien de bien remarquable ; son
origine remonte au VIème siècle mais l'édifice
actuel date en majeure partie du XVème siècle.
C'est l'église St.-Gervais, si célèbre pour sa
société de chanteurs dont l'exécution sans
accompagnement des vieux chants liturgiques
leur a acquis une réputation universelle.

C'est là que le Vendredi-Saint, 29 Mars
1918, alors que vers trois heures une foule
compacte se pressait dans l'église au moment
où l'Office des Ténèbres allait être chanté, un
gros obus allemand s'abattit, faisant une
brèche dans la voûte de la grand'nef. Toute
cette voûte s'effondra, soixante personnes
furent tuées et soixante-huit blessées.

Prenez la Rue François-Miron et pénétrez
dans la cour du n° 68. Vous êtes dans l'Hôtel
de Beauvais qui date du XVIème siècle. Bien
qu'ayant dérogé de son rôle de demeure sei-
gneuriale, il conserve néanmoins un air majes-

tueux. Lui aussi fut frappé d'un obus qui, heureusement tombant au fond de la cour, ne fit que défoncer la voûte de la cave.

Les rues étroites qui s'entre-croisent entre la Rue François-Miron et la Seine sont parmi les plus vieilles, les plus curieuses, mais non pas les plus belles de la ville.

Prenez par exemple la Rue de l'Hôtel de Ville, bien misérable pour un tel nom ; elle est parallèle au quai. Suivez-la jusqu'au bout et vous serez récompensé, car à l'angle qu'elle fait avec la Rue du Figuier vous trouverez l'Hôtel de Sens qui, bâti vers 1500, fut la résidence parisienne des archevêques de Sens alors que Paris était encore inclus dans leur archevêché. L'évêché de Paris ne fut promu à l'archiépiscopat qu'en 1622.

Cet hôtel est un des très rares exemples d'édifices civils nous restant de cette époque.

Remontez à la Rue de Rivoli, vous arrivez sur une petite place plantée d'arbres qui vit un incendie terrible lorsqu'en 1918 une bombe de gotha creva la conduite de gaz passant dans la rue.

L'église St.-Paul-St.-Louis que vous voyez date du XVIIème siècle. C'était l'église d'un couvent de Jésuites qui se trouvait par-derrière et dont les bâtiments restaurés sont occupés par le Lycée Charlemagne.

Vous voici Rue St.-Antoine. Entrez dans la Cour du n° 143, c'est l'hôtel de Sully, le grand ministre de Henri IV. Voyez aussi au n° 212 l'hôtel de Mayenne datant de la même époque.

Un peu plus loin, vous passez la statue de Beaumarchais et puis vous arrivez à la Place de la Bastille.

Tout le monde connaît l'histoire de la Bastille, cette forteresse bâtie par Charles V et devenant bientôt une prison d'État, son rôle sous la Fronde le jour de la bataille du Faubourg St.-Antoine lorsque Mademoiselle de Montpensier fait tirer le canon de la forteresse sur les troupes royales — et toutes les histoires terribles que les générations se transmettent sur les souffrances des prisonniers, racontars sans doute parfois exacts auxquels l'aspect sévère de l'édifice prête vraisemblance et qui peu à peu dans l'esprit de la population avoisinante font de la massive prison le symbole concret et écrasant du régime absolu, la désignant à la fureur du peuple lorsque enfin celui-ci se soulève.

De nos jours, une ligne de pierres blanches indique sur la place le contour de l'ancienne forteresse.

La Bastille abattue, on chercha longtemps ce qu'on pourrait mettre à sa place. Ce ne fut qu'après les journées de Juillet 1830, que l'on décida d'y élever un monument à la mémoire de ceux qui avaient été tués au cours de ces journées. Telle est l'origine de cette colonne sous laquelle se trouvent les caveaux contenant les restes de ces victimes.

Au moment de la révolution de 1848, les insurgés élevèrent une barricade à l'entrée du Faubourg St.-Antoine ; c'est là que Monseigneur Affre, archevêque de Paris, fut tué d'une balle au moment où il s'efforçait de réconcilier les deux partis.

La Gare de Vincennes qui s'élève Place de la Bastille date de 1859 ; elle dessert la banlieue est de Paris.

La Rue du Faubourg St.-Antoine qui part de la Place de la Bastille est le grand centre de l'industrie du meuble. Sous la Révolution, le Faubourg Antoine (on avait alors supprimé les saints) fut le réservoir de ces masses populaires qui de temps en temps, excitées par leurs chefs, allaient déferler contre le gouvernement du moment.

Si vous suiviez cette rue jusqu'au bout, vous arriveriez à la Place de la Nation, appelée autrefois Place du Trône. Cette place est ornée d'un monument à la République, par Dalou, et de deux grandes colonnes surmontées l'une de la statue de Philippe-Auguste, l'autre de celle de St.-Louis.

Si de la Place de la Bastille vous prenez la rue de Lyon vous arrivez à la gare de ce nom, gare élégante et moderne, munie d'une tour avec une horloge monumentale. De là, rejoignant la Seine et remontant son cours, vous arriveriez aux grands entrepôts de vins de Bercy.

Mais, partant de la Place de la Bastille, descendez jusqu'à la Seine par le large Boulevard Henri IV, en passant devant la belle caserne des Célestins, construite sur l'emplacement de l'ancien monastère de ce nom, et tout près de laquelle se trouve, Rue de Sully, la Bibliothèque de l'Arsenal.

Arrivé au Quai des Célestins, vous remarquez à l'angle de la Rue du Petit-Musc un bel hôtel du XVIème siècle, l'hôtel Fieubet, qui est maintenant occupé par l'École Massillon.

Sur le terre-plein en face, on a placé les fondations d'une des tours de la Bastille qui avaient été mises à jour lors des travaux du Métropolitain.

La Rue du Petit-Musc et la Rue St.-Paul marquent à peu près l'emplacement de l'hôtel St.-Paul, la fameuse résidence royale que Charles V fit bâtir vers la fin du XIVème siècle et dont il ne reste plus trace. C'est là que Charles VI, le pauvre roi insensé, vécut son long et triste règne pendant que les Armagnacs et les Bourguignons ensanglantaient Paris par leurs querelles — et c'est là qu'il mourut alors que sa capitale, livrée par son épouse, était tombée au pouvoir des Anglais.

Vous arrivez dans l'Île St.-Louis par le Pont Sully. C'est seulement sous le règne de Louis XIII que l'on se mit à bâtir dans cette île. A cette époque, l'île étant dotée de ponts se couvrit rapidement d'hôtels. Elle conserve encore quelques traces du caractère de ce siècle, et parmi les vieux hôtels qui s'y trouvent il faut citer l'hôtel Lambert au n° 2 de la Rue St.-Louis, près du Pont Sully, et l'hôtel Lauzun au n° 17 du Quai d'Anjou. Voltaire a demeuré à l'hôtel Lambert alors qu'il était l'hôte de Mme Duchâtel.

Jetez un coup d'œil à l'église St.-Louis-en-l'Île, puis, suivant le Quai d'Orléans, vous voyez par delà les constructions basses et banales de la Morgue, Notre-Dame et sa splendide abside, avec ses arcs-boutants largement éployés et entre ses tours massives sa flèche fuselée s'élançant vers le ciel.

VII°— Le Marais et le Temple

Si, lorsque vous étiez Rue St.-Antoine, au lieu d'aller jusqu'à la Place de la Bastille, vous aviez pris à votre gauche la Rue de Birague, passant sous la voûte du Pavillon du Roi qui la termine, vous seriez arrivé à la Place des Vosges (Plan Ng 35).

A la mort de Charles VI, l'hôtel St.-Paul fut délaissé, l'ombre mélancolique du malheureux monarque semblait hanter les lieux. Ses successeurs préférèrent résider à l'hôtel des Tournelles qui s'élevait à cet endroit-ci.

Cependant, après la mort de Henri II, blessé accidentellement par Montgomery au cours d'un tournoi, Catherine de Médicis ne voulant plus y résider fit abattre les Tournelles. Le terrain vague ainsi laissé devint un lieu favori pour les duels, si nombreux à cette époque.

Plus tard, Henri IV fit bâtir la place actuelle avec son encadrement de maisons. Ce fut la Place Royale, le centre du Paris à la mode, le rendez-vous de l'aristocratie. Madame de Sévigné naquit dans l'une de ses maisons, Richelieu vécut dans une autre — et enfin, au siècle dernier, alors que comme maintenant la place n'était plus qu'une relique du vieux Paris, Victor Hugo vint y habiter au n° 6 dans la maison où se trouve maintenant le musée qui lui est dédié.

De nos jours, la Place des Vosges — ce nom lui fut donné sous la Révolution — reste l'un des coins les plus pittoresques de Paris. Hors du courant agité des grandes voies modernes, elle conserve l'atmosphère d'un autre siècle; peu de voitures y viennent; seul, son square l'anime par le pépiement de ses moineaux et les cris des enfants qui jouent dans ses allées.

Quittez la Place des Vosges par la Rue des Francs-Bourgeois, dont le nom indique que les bourgeois qui l'habitaient jadis jouissaient d'une franchise spéciale, non pas honorifique mais plutôt charitable; les francs-bourgeois étaient ceux qui, faute de ressources, étaient exempts de taxe et vivaient dans cette rue, alors misérable sans doute, qui leur était réservée.

Cependant, plus tard lorsque l'hôtel des Tournelles s'éleva dans ces parages, la Rue des Francs-Bourgeois ainsi que tout le quartier vit peu à peu de nombreux hôtels s'élever. Le Marais devint le quartier aristocratique de la capitale.

Suivez en effet la Rue des Francs-Bourgeois, vous voici bientôt devant l'Hôtel Carnavalet, ce bel hôtel de la Renaissance construit par Pierre Lescot et orné des sculptures de Jean Goujon (remarquez dans la cour d'honneur les sculptures murales *Les Saisons* qui lui sont attribuées); Madame de Sévigné y habita pendant une vingtaine d'années.

A présent, Carnavalet est le musée historique

de Paris. Là se trouvent réunis des souvenirs
de tout le passé de la ville : antiquités gallo-
romaines, reliques du moyen âge et de la
Renaissance et surtout de la Révolution et de
l'Empire ainsi que de la guerre 1870-71.

Jetez un coup d'œil Rue de Sévigné, au
bout de laquelle vous apercevez l'église St.-
Paul-St.-Louis, déjà visitée ; c'est dans cette
rue, là où se trouve la caserne des sapeurs-
pompiers, que s'élevait la prison de la Force,
célèbre par les massacres qui y eurent lieu en
Septembre 1792.

Un peu plus loin, à l'angle de la Rue des
Francs-Bourgeois et de la Rue Pavée, le vieil
hôtel Lamoignon, bien que déchu de sa splendeur,
conserve la dignité de son passé.

Suivant la Rue des Francs-Bourgeois, vous
arrivez à la Rue Vieille-du-Temple. La
gracieuse tourelle gothique à l'angle de ces
rues est un vestige du XVIème siècle.

Si vous tournez à gauche, au n° 47 de cette
dernière rue, vous trouvez l'hôtel de l'ambas-
sadeur de Hollande au temps de Louis XIV ;
le portail et la cour de cette demeure sont ornés
de belles sculptures.

Si, au contraire, vous tournez à droite, vous
arrivez à l'hôtel de Rohan qui depuis plus
d'un siècle a abrité l'Imprimerie Nationale,
pour laquelle cependant on vient de construire un vaste édifice rue de la Convention,
sur la rive gauche. C'est dans la seconde cour
de cet hôtel que se trouve le joli bas-relief de
Le Lorrain, *Les Chevaux à l'abreuvoir*.

La Rue Barbette, tout à côté, évoque le souvenir de l'hôtel de ce nom près duquel le duc d'Orléans fut assassiné en 1407 sur les ordres de Jean sans Peur, son rival.

Reprenant la Rue des Francs-Bourgeois, vous passez la petite église des Blancs-Manteaux et le Mont-de-Piété, bâti sur l'emplacement de l'ancien couvent des Blancs-Manteaux et dont la construction permit de mettre à jour une tour des anciennes fortifications de Philippe-Auguste.

Vous voici Rue des Archives; le grand édifice qui en fait l'angle à votre droite est l'ancien hôtel de Soubise, aujourd'hui Palais des Archives Nationales, qui fut bâti sur l'emplacement de la demeure du Connétable de Clisson.

De cette première résidence, il ne reste que le portail, Rue des Archives, qui avec ses deux tourelles est une précieuse relique de l'architecture privée du XIVème siècle.

La plus grande partie du palais actuel et sa cour d'honneur datent du XVIIIème siècle.

Les collections des archives renferment de nombreux et précieux documents se rapportant à l'histoire nationale et dont certains remontent aux temps mérovingiens.

Suivant la Rue des Archives, vous arrivez au Square du Temple. Ce square occupe l'emplacement de l'ancien château-fort des Templiers dont l'ordre fut supprimé par Philippe le Bel en 1314 et dont les immenses propriétés dans ce quartier furent confisquées par l'État.

H

C'est là que s'élevait le Donjon du Temple, dernier vestige de ce château, où Louis XVI et sa famille furent enfermés sous la Révolution.

Près de là, le Carreau du Temple, modernisé, est toujours le marché principal, la bourse en quelque sorte, des marchands de vieux habits.

Quittant les vieilles rues du Marais et du Temple, où à chaque pas un nom ou un vieux mur évoque le Paris d'autrefois, prenez la Rue Réaumur.

Malgré la largeur de cette voie moderne, ses tramways et ses hautes maisons, vous rencontrez bientôt d'autres vestiges du passé.

Voici l'abside, bien mal dégagée, de St.-Martin-des-Champs, l'église de l'ancien prieuré fondé en 1060.

De nos jours, l'emplacement du fameux monastère est occupé par le Conservatoire des Arts-et-Métiers dont les riches collections de machines, d'instruments et d'outils de toutes sortes ainsi que les cours d'enseignement technique résultent de l'une des plus belles fondations de la Convention.

De l'ancien édifice monastique, il reste encore la salle du réfectoire datant du XIIIème siècle et qui maintenant sert de bibliothèque publique — ainsi qu'une tourelle de l'enceinte, à l'angle de la rue St.-Martin et de la rue du Vert-Bois.

De l'autre côté de la Rue Réaumur, en bordure de la Rue St.-Martin, s'élève l'église gothique St.-Nicolas-des-Champs datant du XVème siècle.

Si de là vous suivez la Rue Turbigo, passant

l'École Centrale et l'École Turgot, auprès de laquelle s'élevait autrefois la prison de femmes des Madelonnettes, vous arrivez par la Rue du Temple à la Place de la République.

VIII° — Les Grands Boulevards et leurs environs

En arrivant Place de la République (Plan M/Nf 35), autrefois appelée Place du Château d'Eau, vous atteignez les Grands Boulevards, ces larges avenues bordées d'arbres et tracées sur l'emplacement des vieux murs de Paris que Louis XIV fit abattre.

Au milieu de la place s'élève la statue de la République, œuvre de Morice, dont le piédestal est orné de bas-reliefs de Dalou. Au fond, vous voyez la caserne du Château-d'Eau. Près de là, à l'entrée de la Rue du Château-d'Eau, se trouve la Bourse du Travail.

En descendant le Boulevard St.-Martin, vous passez plusieurs théâtres (Folies-Dramatiques, Ambigu, Porte-St.-Martin, Renaissance). Puis, vous voici à la Porte Saint-Martin, élevée en 1674 par la Ville pour célébrer la gloire de Louis XIV résultant des victoires de Turenne et de Condé en Hollande.

Cette porte se trouve au commencement de la longue rue du Faubourg St.-Martin dont la mairie du Xème arrondissement, élégante construction moderne rappelant vaguement l'Hôtel-de-Ville, est le seul édifice remarquable.

Vous voici maintenant au Boulevard St.-

Denis qui forme un carrefour avec d'un côté le Boulevard de Strasbourg, au bout duquel vous apercevez la Gare de l'Est, et de l'autre côté le Boulevard Sébastopol ; ces deux boulevards transversaux forment la grande artère moderne traversant Paris du nord au sud.

Puis vous passez un nouvel arc triomphal, plus richement décoré que l'autre, la Porte St.-Denis, dédiée également à la gloire du Roi-Soleil en commémoration des victoires gagnées par ses généraux.

A votre gauche, vous avez la Rue St.-Denis et à votre droite la Rue du Faubourg St.-Denis qui monte vers la Gare du Nord et finalement, changeant de nom, conduit jusqu'à la basilique du saint, patron de Paris.

C'est dans le Faubourg St.-Denis, avant d'arriver au Boulevard Magenta, que se trouve la maison Saint-Lazare dont le passé séculaire est rempli de souvenirs lugubres.

D'abord, au moyen âge, ce fut une des léproseries où des moines soignaient les malheureuses victimes du terrible mal. Plus tard, la lèpre ayant à peu près disparu de France, le monastère devint une maison de réforme pour les jeunes gens égarés que leurs familles voulaient faire rentrer dans le droit chemin ou, tout au moins, retirer de l'autre. C'est sous ce prétexte que, dans *Manon Lescaut*, Des Grieux s'y voit enfermer.

Pendant la Révolution, Saint-Lazare devint l'une des prisons les plus sinistres de la Terreur. C'est là qu'André Chénier et tant d'autres vécurent leurs derniers jours avant d'aller à l'échafaud.

De nos jours, la maison Saint-Lazare est une prison de femmes.

Presque en face de la Porte-St.-Denis, de l'autre côté du Boulevard, jetez un coup d'œil à la vieille maison qui forme la pointe de la Rue Beaurepaire et de la Rue de Cléry; c'est la maison où habitait André Chénier, l'infortuné poète.

Vous suivez maintenant le Boulevard Bonne-Nouvelle dont le nom vient de celui de Notre-Dame de Bonne-Nouvelle, petite église située dans la Rue de la Lune qui longe le boulevard à cet endroit.

Remarquez qu'à mesure que vous allez ainsi vers l'ouest en suivant les boulevards, les boutiques deviennent plus luxueuses et la circulation plus intense.

A votre droite, la rue d'Hauteville vous laisse apercevoir au fond l'église St.-Vincent-de-Paul. Cette rue et les rues adjacentes forment le centre du quartier de l'exportation.

Vous passez ensuite le théâtre du Gymnase et vous traversez la Rue du Faubourg Poissonnière. C'est au n° 15 de cette rue que se trouve l'ancien édifice du Conservatoire de Musique et de Déclamation. A présent, les cours du Conservatoire sont transférés 14 Rue de Madrid, mais on se sert toujours de la salle des concerts de l'ancien immeuble en raison de son excellente acoustique.

A votre gauche, vous passez la Rue du Sentier,

petite rue bien insignifiante pour un nom si connu ; le Sentier, c'est le centre de la France pour le monde des tissus.

Puis vous voici au carrefour de la Rue et du Faubourg Montmartre, l'un des points le plus animés de Paris. En remontant le Faubourg Montmartre, vous arriveriez bientôt Rue Geoffroy-Marie, dont l'une des hautes maisons fut complètement démolie par une bombe de gotha en 1918 et au bout de laquelle se trouve, dans la Rue Richer, le fameux music-hall des Folies-Bergères.

Suivant toujours le Boulevard qui maintenant s'appelle Boulevard Montmartre, vous passez le théâtre des Variétés, puis vous traversez la Rue Drouot dans laquelle se trouve à droite la mairie du IXème arrondissement et à gauche l'Hôtel des Ventes, vilaine bâtisse où parfois sont vendues des collections d'objets d'art fort intéressantes.

De nouveau le Boulevard change de nom, vous êtes au Boulevard des Italiens, près duquel se trouvait autrefois l'Opéra Italien. De tous côtés, les terrasses des cafés invitent le promeneur à s'asseoir et à regarder à loisir le va-et-vient continuel des passants et des véhicules.

Prenez sur votre gauche la rue Feydeau et vous trouvez Place Boieldieu la façade de l'Opéra-Comique. Ce théâtre, rebâti par Bernier sur l'emplacement de celui qui fut détruit en 1887 par l'effroyable incendie qui fit tant de victimes, est richement décoré par des sculptures et peintures de Falguière, Mercié, Puech,

Benjamin Constant, Merson, Flameng et autres artistes de talent.

Revenant sur le Boulevard, vous traversez à votre droite la Rue Laffitte au bout de laquelle vous apercevez l'église Notre-Dame de Lorette et au-dessus et bien plus loin la blanche basilique du Sacré-Cœur.

A gauche, vous passez l'énorme édifice du Crédit Lyonnais. Plus loin vous arrivez à la Chaussée d'Antin au fond de laquelle s'élève l'église de la Trinité.

A l'angle que fait cette rue avec le Boulevard, appelé maintenant Boulevard des Capucines, vous trouvez le Théâtre du Vaudeville. De l'autre côté du Boulevard, la gracieuse façade du Pavillon de Hanovre arrondit l'angle de la Rue Louis-le-Grand.

Vous voici Place de l'Opéra. Devant vous apparaît le somptueux édifice de Charles Garnier. Commencé en 1863, il ne fut inauguré qu'en 1875. Parmi les sculptures qui ornent sa façade, il faut citer le fameux groupe *La Danse*, œuvre de Carpeaux. Le grand escalier, la salle de spectacle et son foyer sont justement célèbres pour la richesse de leur décoration.

Plusieurs grandes voies rayonnent de la Place de l'Opéra : la Rue du Quatre-Septembre allant vers la Bourse et le Temple, l'Avenue de l'Opéra allant vers le Louvre et la Rue de la Paix allant à la Place Vendôme et continuée de là par la Rue de Castiglione qui va jusqu'aux Tuileries. C'est le quartier des boutiques de luxe.

La Colonne Vendôme qui se dresse sur la

place de ce nom fut élevée par Napoléon avec le bronze provenant des canons pris à Austerlitz. Les statues qui tour à tour la surmontèrent changèrent avec les régimes gouvernementaux.

En 1871, la Commune fit abattre la colonne qui fut restaurée en 1875 ainsi que la statue de Napoléon Ier vêtu en empereur romain.

Le Ministère de la Justice occupe l'un des hôtels de la Place Vendôme. Cette place fut construite sous Louis XIV sur les plans de Mansard.

Descendez jusqu'à la Rue St.-Honoré, l'une des plus vieilles rues de Paris, celle qui était au XVIIIème siècle ce qu'aujourd'hui les Boulevards sont pour nous. A votre gauche, la Rue du Marché-St.-Honoré conduit à ce marché, endroit bien calme et retiré de la circulation animée des grandes rues voisines. Autrefois un couvent s'y élevait, celui des Jacobins-St.-Honoré, qui sous la Révolution abrita le fameux club des Jacobins.

A votre droite, Rue St.-Honoré, passez l'église de l'Assomption avec son dôme massif qui l'écrase, puis jetez un coup d'œil au fond de la cour de la maison portant le n° 398, c'est là que vivait Robespierre.

Remontant la Rue Duphot, vous regagnez les Boulevards et devant vous se trouve la Madeleine.

De même que celles du Panthéon, les destinées de la Madeleine varièrent avec les gouvernements — avec cette différence toutefois qu'au cours de ces vicissitudes la Madeleine n'était pas encore achevée alors que le Panthéon l'était.

Commencée en 1764 par Coutant d'Ivry pour remplacer la vieille église du même nom, elle était inachevée lorsque la Révolution éclata. Plus tard, Napoléon décida de la dédier à la gloire de ses armées et confia à Vignon le soin d'en faire un temple de style gréco-romain. Vint la Restauration qui reprit l'idée première ; puis Vignon mourut et fut remplacé par Huvé. Bref, ce n'est qu'en 1842 que la Madeleine fut consacrée au culte.

Parmi les sculptures qui en décorent l'intérieur, la plus remarquable est le groupe en marbre derrière l'autel, œuvre de Rochetti représentant Ste.-Marie-Madeleine montant au ciel.

Vous tenant près des grandes portes de bronze sous la haute colonnade extérieure, vous avez devant vous la belle perspective de la Rue Royale, de la Place de la Concorde avec son obélisque et ses fontaines, de la Chambre des Députés et enfin du Dôme des Invalides.

IX° — LA PLACE DE LA CONCORDE ET LES CHAMPS-ÉLYSÉES

Descendant la Rue Royale (Plan Je 34), vous passez à droite la Rue du Faubourg St.-Honoré qui parmi de nombreux hôtels aristocratiques contient l'ambassade d'Angleterre en face de laquelle, dans la Rue d'Aguesseau, se trouve l'église protestante anglaise.

Un peu plus loin s'élève le Palais de l'Élysée. Datant du XVIIIème siècle, il servit successivement de résidence au comte d'Evreux, à la marquise de Pompadour et à la duchesse de Bourbon ; puis, étant tombé sous le Directoire au rang de maison de jeu et de bal public, il retrouva ensuite son ancien éclat en devenant tour à tour la demeure de Murat, de Napoléon Ier, de Louis-Napoléon et en servant de nos jours de résidence présidentielle.

Près de sa façade, sur la Place Beauvau, le Ministère de l'Intérieur occupe l'ancien hôtel de ce nom. Plus loin dans la Rue du Faubourg St.-Honoré, vous arriveriez à l'église St.-Philippe-du-Roule, édifice bien médiocre pour une paroisse si riche.

Revenant à la Rue Royale, vous arrivez enfin à la Place de la Concorde, ayant à votre gauche le Ministère de la Marine et à votre droite l'ancien hôtel de Crillon-Coislin, tous deux bâtis par Gabriel de 1763 à 1772.

Que de souvenirs se rattachent à cette place, l'une des plus belles du monde : la pompeuse inauguration d'une statue à Louis XV, de son vivant, le feu d'artifice en l'honneur du mariage de Louis XVI se terminant par une effroyable panique causant plus de cent trente morts dans la foule affolée, puis 1792 et la guillotine dressée sur la place. Le nombre de victimes ? près de 2900, croit-on ; les noms ? Louis XVI, Marie-Antoinette, Madame Élisabeth, sœur du roi, le duc d'Orléans (le Philippe-Égalité du Palais-Royal), les Girondins, Charlotte Corday, Danton, Camille Desmoulins, sa jeune femme, Robespierre, St.-Just — et combien d'autres !

Plus tard, échangeant le nom de Révolution qu'on lui avait donné alors contre celui de Concorde, embellie, ornée de sculptures, de fontaines et de son obélisque de Louqsor, relique trois fois millénaire des Ramsès d'Égypte, la vaste place fut encore arrosée de sang aux jours de la Commune. La même année, les Prussiens y avaient campé, sa statue de Strasbourg s'était voilée de crêpe ; ce long deuil est fini, la statue est fleurie.

Remontez les Champs-Élysées en passant à leur entrée les deux groupes des *Chevaux de Marly*, œuvres de G. Coustou, et en jetant un coup d'œil aux divers objets qu'abritent les ombrages : cafés-concerts, guignols faisant la joie des petits et parfois des grands, voitures d'enfants traînées par des chèvres, marchands de coco et de gâteaux, etc. Puis voyez à gauche, entre le Petit et le Grand Palais, le pont Alexandre III avec ses pylônes monumentaux et, au-delà, la large perspective des Invalides et leur dôme doré.

Le Petit et le Grand Palais datent de l'exposition de 1900. Le Petit Palais contient le Musée des Beaux-Arts de la Ville de Paris, comprenant entre autres la belle collection Dutuit d'objets d'art divers. Le Grand Palais sert à différentes expositions telles que les Salons de peinture et sculpture, les Salons de l'automobile, etc.

Traversant le joli rond-point des Champs-Élysées, vous atteignez cette belle avenue où peu à peu les anciens hôtels de l'aristocratie font place à de luxueuses maisons de rapport et à de vastes et somptueux hôtels pour visiteurs cosmopolites.

Vous voici Place de l'Étoile devant l'Arc de Triomphe que Napoléon fit construire pour le retour de ses armées victorieuses — mais qui ne fut achevé que sous le règne de Louis-Philippe.

Remarquez le bas-relief de Rude appelé *Le Chant du Départ*, jetez un coup d'œil à tous ces noms de batailles et à ceux des officiers morts au champ d'honneur au cours des guerres de l'Empire, puis montez à la plateforme en haut de l'arc, le beau panorama que ·l'on y découvre vaut bien la fatigue de l'ascension.

Vers l'ouest, vous découvrez la vaste Avenue de la Grande Armée se prolongeant bien au-delà de Neuilly, puis l'Avenue du Bois de Boulogne bordée de ses hôtels princiers et de ses parterres ombragés aboutissant au Bois de Boulogne dont vous voyez les grandes masses de verdure que domine au loin le fort du Mont-Valérien ; plus à gauche, l'Avenue Victor-Hugo rejoignant aussi le Bois près du joli parc de la Muette, puis l'Avenue Kléber conduisant au Trocadéro ; au sud, le Champ de Mars et la Tour Eiffel, la Seine, le dôme des Invalides et, vous tournant graduellement vers l'est, puis vers le nord, vous reconnaissez tour à tour parmi l'amoncellement d'édifices et de rues le dôme du Panthéon, les tours de Notre-Dame, la majestueuse Avenue des Champs-Élysées, les Tuileries, le Louvre, l'Opéra, la Madeleine et enfin, tout au loin par-dessus le nord de Paris, l'édifice blanchâtre du Sacré-Cœur de Montmartre.

Si maintenant vous désirez retourner vers le centre en vous promenant, prenez l'Avenue Marceau et, de la Place de l'Alma, suivez le Cours la Reine, cette jolie promenade dont la création est due à Marie-Médicis et qui vient d'échanger son nom historique et gracieux contre celui de Cours Albert Iᵉʳ, puis, lorsque vous passerez à l'angle de la Rue Bayard, remarquez cette jolie maison de la Renaissance appelée maison de François Iᵉʳ et qui, bâtie à Moret à cette époque, fut transportée et réédifiée ici au siècle dernier.

Xº — Le Trocadéro.   Le Champ de Mars.   Les Invalides.   Le Palais-Bourbon

Lorsque vous quittez l'Arc de Triomphe (Plan Ge 32), si vous suivez l'Avenue d'Iéna jusqu'à la place du même nom vous arrivez au Musée Guimet dont les intéressantes collections se rapportent surtout aux religions asiatiques.

De là, remontant un peu la Rue de Chaillot, vous vous trouvez devant l'élégant hôtel du Musée Galliera. Ce musée municipal se compose d'une collection d'objets d'art divers tels que sculptures, tapisseries, aquarelles, émaux, etc.

Retournant à la Place d'Iéna qui est ornée de la statue de Washington, vous arrivez ensuite Place du Trocadéro devant la façade de ce palais qui fut bâti pour l'exposition de 1878.

Ce grand édifice d'un style vaguement oriental contient une immense salle des fêtes où se donnent fréquemment des concerts. Il renferme également deux musées: le musée de sculpture comparée comprenant une riche collection de moulages de sculpture monumentale — et le musée ethnographique contenant des objets provenant de toutes les parties du globe.

Du haut des marches du vestibule, vous avez une belle vue sur la Seine et sur le Champ de Mars d'où se dresse la Tour Eiffel.

Descendant les jardins du Trocadéro et longeant leur cascade, vous vous rendez au Champ de Mars au pied de la Tour Eiffel— cette fameuse tour que certains ont tellement critiquée et voulaient faire abattre, du moins avant 1914, car pendant la guerre la Tour Eiffel, dont au fond les Parisiens sont fiers malgré sa structure squelettique, a rendu d'immenses services, grâce à sa puissante station de télégraphie sans fil.

Le Champ de Mars a vu bien des évènements historiques depuis la bataille où Camulogène et les Parisii furent vaincus par Labiénus et ses légions.

Ses champs jadis fertiles furent convertis sous Louis XV en un terrain de manœuvre pour l'École Militaire, puis, le 14 Juillet 1790, il fut la scène de la grande fête de la Fédération au cours de laquelle Louis XVI et tous les représentants de la nation jurèrent de respecter la nouvelle constitution — journée d'enthousiasme et de confiance dans une ère de paisible prospérité, dernier rayon de soleil avant l'orage qui allait suivre.

Vingt-cinq après, une nouvelle cérémonie grandiose fêtant le retour de l'empereur se déroule dans ce vaste cadre, précédant de quelques semaines le désastre de Waterloo.

Depuis, le Champ de Mars a prêté son terrain à différentes revues militaires et aux expositions universelles.

L'École Militaire, dont les immenses bâtiments s'étendent en bordure du Champ de Mars, fut fondée par Louis XV pour instruire dans le métier des armes « cinq cents gentilshommes nés sans biens.» C'est là que se trouve maintenant l'École Supérieure de Guerre formant les officiers d'état-major.

Suivant l'Avenue de Tourville, vous arrivez devant l'entrée de l'église des Invalides. C'est sous son dôme doré, œuvre de Hardouin-Mansard, que repose l'ex petit officier de fortune devenu grand empereur, grand conquérant et grand législateur.

Près de la porte de bronze fermant la crypte, derrière l'autel dont les colonnes torses reflètent l'étrange lumière qui tombe des vitraux, deux tombeaux semblent garder l'entrée de celui de l'empereur ; ce sont ceux de ses fidèles amis, Duroc et Bertrand.

Les chapelles du pourtour de l'église contiennent les tombeaux de Turenne, de Vauban et de Jérôme et Joseph Bonaparte.

Sortant de l'église, allez visiter les riches

collections d'armes, d'armures et de souvenirs militaires que renferme le Musée—ainsi que les trophées de la dernière guerre exposés dans la cour d'honneur. Voyez aussi l'Église St.-Louis, ornée de drapeaux pris à l'ennemi.

Quittant les Invalides par la grande grille après avoir jeté un coup d'œil aux vieux canons qui dominent le fossé, vous vous trouvez sur la vaste esplanade.

A votre droite, sur le Boulevard des Invalides, vis à vis des Invalides, vous voyez l'hôtel Biron, ancien couvent du Sacré-Cœur, que l'on est en train d'aménager en musée pour y exposer les œuvres de Rodin que le maître a léguées à l'État.

Descendant vers la Seine, vous passez la Gare des Invalides ; l'installation souterraine de ses quais lui a permis de n'avoir que peu d'élévation au dessus du niveau de l'esplanade de manière à ne pas masquer la vue entre les Invalides et les Champs-Élysées.

Vous voici au Quai d'Orsay dont le nom sert de périphrase pour désigner le Ministère des Affaires Étrangères qui s'y trouve à votre droite.

Remontez ce quai, vous arrivez alors au Palais-Bourbon qui est occupé par la Chambre des Députés. Construit au XVIIIème siècle pour la duchesse de Bourbon, puis embelli par le prince de Condé, ce palais eut d'abord sa façade principale du côté opposé à la Seine. La colonnade de ce côté-ci fut bâtie sous l'Empire pour faire pendant à la Madeleine que vous apercevez là-bas au fond de la Rue Royale.

Le Boulevard St.-Germain qui arrive à cet endroit et les rues avoisinantes composent l'aristocratique Faubourg Saint-Germain. Ce quartier est riche en vieux hôtels et en anciens couvents. C'est aussi le quartier des grandes administrations, Ministères de la Guerre, de l'Instruction Publique, des Travaux Publics, etc., ainsi que celui des ambassades. L'élégante église Ste.-Clotilde, datant de 1845, est donc une des paroisses les plus aristocratiques de la capitale.

Suivant toujours le Quai d'Orsay en longeant ses luxueuses demeures, vous passez le gracieux palais de la Légion d'Honneur, ancien hôtel de Salm-Salm, qui fut bâti en 1786 et où demeura Mme de Staël.

Vous arrivez ensuite à la nouvelle gare d'Orléans, appelée Gare du Quai d'Orsay, dont les quais, comme ceux de la gare des Invalides, sont souterrains.

La Rue du Bac à laquelle vous parvenez et les rues voisines comptaient au XVIIème siècle de nombreux couvents. Remontez la Rue du Bac jusqu'à la Rue de Grenelle, passant sur votre chemin la statue de Chappe, l'inventeur de la télégraphie aérienne, et là, au n° 57, vous trouvez la charmante fontaine de Bouchardon, construite en 1738.

Retournant à la Seine en prenant par exemple la Rue St.-Guillaume, la Rue du Pré-aux-clercs, nom qui éveille tout un passé, puis, à votre gauche, la Rue de l'Université et enfin la Rue de Beaune, vous trouvez à l'angle de celle-ci

I

et du quai l'hôtel où Voltaire s'éteignit le 30 Mai 1778.

XI°.—Le Père-Lachaise. Les Gobelins. Le Jardin des Plantes. Les Arènes de Lutèce

(*N.B.*—La manufacture des Gobelins n'est ouverte aux visiteurs que les mercredis et samedis de 1 heure à 3 heures.)

Passons maintenant à un quartier tout différent. Rendez vous de nouveau à la Place de la République (Plan M/Ne 35) et, vous plaçant à la gauche de la statue de la République, vous avez devant vous l'un des principaux quartiers industriels de Paris.

A votre gauche, le faubourg du Temple avec son funiculaire monte vers Belleville, nom qui de nos jours paraît plutôt ironique pour ce quartier pauvre et populeux. Devant vous, trois grandes avenues rayonnent : l'Avenue de la République allant vers le Cimetière du Père-Lachaise, le Boulevard Voltaire allant jusqu'à la Place de la Nation et le Boulevard du Temple qui, faisant suite aux autres grands boulevards établis sur l'emplacement des anciens murs, conduit vers la Bastille.

De nombreux ateliers et de nombreuses usines s'occupant surtout du travail des métaux et de construction de machines se trouvent dans la plupart des rues de ces quartiers.

Suivant l'Avenue de la République soit à pied, soit en tramway (elle ne contient pas de monuments intéressants à part l'École Supérieure de Commerce et le Lycée Voltaire), vous traversez la large Avenue Richard-Lenoir et finalement vous arrivez au Cimetière du Père-Lachaise.

Cette vaste nécropole, la plus grande de Paris, a gardé le nom du propriétaire des jardins dont elle a pris l'emplacement; le Père Lachaise était le confesseur de Louis XIV.

Que de noms illustres parmi tous ceux qui sont gravés sur les tombeaux : Molière, Racine, La Fontaine, Alfred de Musset, Balzac, Masséna, Ney, Davout, Chopin, Ingres, Rachel, Talma, Lavoisier, Auguste Comte, Raspail, etc. — sans oublier ceux d'Héloïse et d'Abélard dont le tombeau qui les réunit, ainsi le veut la tradition, est une relique chère aux Parisiens bien que son authenticité soit des plus contestables.

Voyez aussi le mur des Fédérés, de lugubre mémoire ; c'est contre ce mur qu'à la fin de la Commune de nombreux fédérés pris les armes à la main furent fusillés séance tenante. Et surtout, voyez le Monument aux Morts, de Bartholomé, si impressionnant dans sa grandiose simplicité.

Quittant le Père-Lachaise, prenez le Métro soit à la station de ce nom, soit à « Philippe-Auguste » (voir plan, page 36), changez à « Nation » afin d'aller à « Italie » pour visiter la manufacture des Gobelins. Pendant une partie du trajet, le parcours se faisant à ciel ouvert vous permettra de voir comme à vol d'oiseau ces quartiers du sud-est parisien. Arrivé à la

Place d'Italie, où s'élève la mairie du XIIIème arrondissement, vous remontez l'Avenue des Gobelins jusqu'à la manufacture.

C'est au XVème siècle que la famille Gobelin, fameux teinturiers en laines, s'établit sur les bords de la Bièvre dont l'eau convenait merveilleusement à cette industrie. Plus tard, Henri IV accorda sa protection aux successeurs des Gobelins et Louis XIV acheta l'installation qui s'était développée et qui devint dès lors la manufacture de l'ameublement des résidences royales aussi bien pour les tapisseries que pour les meubles, sculptures, bronzes d'art, etc. Ce fut le peintre Lebrun qui dirigea cette importante entreprise d'art officiel.

De nos jours, la manufacture qui appartient toujours à l'État ne produit plus que des tapisseries. Le visiteur voit les artistes à leur travail sur les différents genres de métiers en usage, ainsi que l'intéressante collection de tapisseries que contient le musée.

En quittant les Gobelins, vous pouvez vous rendre au Jardin des Plantes en rejoignant le Boulevard de l'Hôpital ou le Boulevard St.-Marcel et en passant devant l'immense hôpital de la Salpétrière fondé par Louis XIII sur l'emplacement d'un ancien arsenal et où l'on reçoit de nos jours les femmes âgées ou celles qui sont atteintes de maladies nerveuses.

Mais, au lieu de prendre l'une ou l'autre de ces grandes voies, suivez donc le chemin des écoliers et, sortant de la manufacture, tournez dans la première petite rue à votre gauche, la

Rue des Gobelins ; là, au n° 57, s'élève la maison dite de la Reine-Blanche (l'origine de ce nom semble perdue), c'est un précieux vestige du XVᵉᵐᵉ siècle, époque où la Bièvre coulait encore dans un vallon fleuri ... De nos jours, la jolie rivière finit dans un égout, le vieux manoir est devenu tannerie.

Continuez l'avenue, faites quelques pas dans la Rue Monge, vous voici devant St.-Médard. Son petit square remplace le cimetière qui sous Louis XV devint fameux à cause des prétendus miracles qui s'y étaient produits sur la tombe du diacre Pâris.

Descendant la Rue du Censier, vous prenez à votre droite la Rue de la Clef et, passant la Halle aux Cuirs, vous arrivez sur la petite Place Scipion. Vous voici devant la Boulangerie des Hôpitaux et Hospices Civils. Pourquoi vous amener ici ? Entrez dans la cour ; voyez la curieuse muraille à arcades ornée de quatre médaillons en terre cuite délicatement sculptés ; c'est un vestige de l'ancien hôtel de Scipion Sardini, le richissime financier italien, contemporain de Catherine de Médicis, qui épousa la belle Isabelle de Limeuil, héroïne de Brantôme dont les aventures scabreuses avaient réjoui la Cour.

En suivant la Rue du Censier, vous arrivez au Jardin des Plantes à l'angle où se trouve la maison de Buffon. Fondé sous Louis XIII, jusqu'à la Révolution le Jardin des Plantes ne fut consacré qu'à la botanique. De nos jours, en plus de sa ménagerie il contient aussi de riches collections de zoologie, d'anatomie, de géologie, etc. D'illustres savants professent ses cours et travaillent dans ses laboratoires. Parmi leurs prédécesseurs, il faut citer : de Jussieu, Buffon, Lacépède, Lamarck, Cuvier et Geoffroy St.-Hilaire.

En quittant le Jardin des Plantes, prenez la Rue Lacépède, puis la Rue de Navarre, la première à droite. Là, dans ce petit square, derrière un rideau de verdure, une relique de Lutèce vous ramène brusquement aux premiers siècles de la cité. Quelques rangées de gradins de pierre s'étageant en amphithéâtre devant un espace vide, le tout abruptement coupé par un grand mur et les hautes maisons voisines ; deux ou trois promeneurs, un gardien de square, quelques gamins grimpant sur les gradins... Les vieilles arènes mutilées gardent dans leur sommeil le souvenir de ces lointains ancêtres qui de leur foule bruyante emplissaient ces gradins, de toutes les émotions qui étreignaient alors spectateurs et acteurs, plaisir et cruauté, vanité et bravoure, désespoir et souffrance.

Puis, descendant la Rue Monge et passant l'église St.-Nicolas-du-Chardonnet, vous arrivez à la Place Maubert où, le 3 août 1546, Étienne Dolet, amené de la Conciergerie, fut pendu puis brûlé avec ses livres « prohibés et damnés. »

Alors, levant les yeux, une vision inattendue s'offre à votre regard, car au fond de la rue vous voyez Notre-Dame, le côté sud de son transept et sa jolie rosace et la flèche déliée s'élevant dans les airs.

XII°— Le Nord de Paris

Dans son ensemble, le nord-ouest de Paris est un quartier riche tandis que le nord-est lui est son opposé aussi bien par sa situation que par sa population pauvre et laborieuse. Passons de l'un à l'autre en traversant la partie médiane, l'une des plus actives de la capitale.

Rendez vous au Parc Monceau (Plan Id 25), l'un des plus jolis parcs de Paris avec sa gracieuse *Naumachie* reflétant sa svelte colonnade dans le miroir de son bassin. C'est le parc des enfants riches ; vous verrez tout à l'heure sa vraie contre-partie, les Buttes-Chaumont, le parc populaire.

Ayant vu les différentes statues et monuments qui ornent le parc (entre autres, le joli monument de Chopin, par Froment-Meurice, et celui de Gounod, par Mercié), vous sortez par l'Avenue Vélasquez dans laquelle se trouve au n° 7 le musée Cernuschi renfermant une riche collection d'objets d'art oriental.

Descendant le Boulevard Malesherbes, vous passez à votre gauche la riche église St.-Augustin, construite par Baltard sous le Second Empire.

Traversant la place et prenant à votre gauche le Boulevard Haussmann, vous arrivez au Square Louis XVI. Là s'élève la Chapelle Expiatoire sur l'emplacement de l'ancien cimetière où furent enfouies les nombreuses victimes de l'échafaud de la Place de la Révolution, y compris Louis XVI et Marie-Antoinette. Cette chapelle fut élevée par Louis XVIII qui fit transporter les restes de son malheureux frère et de son infortunée belle-sœur à la Basilique de St.-Denis.

Tout près de là vous arrivez à la Gare St.-Lazare et, suivant la Rue St.-Lazare, vous atteignez la Place de la Trinité devant l'église construite par Ballu sous Napoléon III ; de même qu'à l'Opéra, les voitures peuvent arriver sous la voûte du porche de cette église afin que la pluie ou la boue n'abîme pas les toilettes des élégantes paroissiennes.

Non loin de là, au n° 14 de la Rue de la Rochefoucauld, vous trouvez le musée Gustave Moreau qui contient les très nombreux tableaux et dessins, œuvres de ce peintre au talent si fertile et au coloris si remarquable.

De la Place de la Trinité (ou, si vous l'aviez préféré, de la Place St.-Augustin) montez dans un des tramways qui suivent la Rue de Châteaudun ; vous passez ainsi Notre-Dame de Lorette, puis, dans la Rue Lafayette, vous voyez tour à tour le Square Montholon, l'église St.-Vincent-de-Paul et, au bout du Boulevard Denain, la Gare du Nord.

Arrivé au commencement de l'Avenue Jean-Jaurès, autrefois Rue d'Allemagne, qui conduit au marché aux bestiaux, descendez du tramway et jetez un coup d'œil au Bassin de la Villette et aux quais du Canal St.-Martin.

Si vous remontiez l'Avenue de Flandre, vous

arriveriez aux Abattoirs de la Villette, mais suivez la Rue Secrétan et vous voici au Parc des Buttes-Chaumont.

Ce joli parc fut créé par Haussmann et Alphand sur l'emplacement de vieilles carrières de pierre. C'était non loin de là que s'élevait dans le temps le fameux gibet de Montfaucon ; plus tard, ces carrières devinrent un repaire de malfaiteurs et un immense réceptacle d'ordures. L'œuvre d'Haussmann fut donc de la plus haute utilité et la transformation accomplie fut un remarquable succès.

Grâce à l'habile adaptation des vieux rochers, à l'aménagement de la grotte, de la cascade et du lac, ce parc est devenu le plus pittoresque de Paris.

Retournez maintenant au rond-point de la Villette et montez cette fois dans le tramway qui suit les Boulevards Extérieurs (en commençant par le Boulevard de la Chapelle). Ces boulevards marquent l'emplacement du mur d'octroi construit sous le règne de Louis XVI.

Aucun chef-d'œuvre d'architecture dans ces quartiers populeux dont certaines rues cachent bien des misères. Vous passez la Rue de la Chapelle qui conduit à la Basilique St.-Denis, hors de Paris, et vers le milieu de laquelle se trouve la petite chapelle St.-Denis d'apparence bien modeste. Son origine remonte, dit-on, à Sainte Geneviève ; c'est là que la sainte fit construire un petit oratoire, où elle s'arrêtait à son passage lors de ses fréquentes visites au tombeau de St. Denis.

Plus loin, à votre gauche, vous passez l'hôpital Lariboisière, puis le Square d'Anvers près duquel s'élève le Collège Rollin. Quittez alors le tramway et, prenant la Rue de Steinkerque, vous arrivez devant le Square St.-Pierre au pied de la Butte Montmartre.

Montez au Sacré-Cœur soit par les escaliers, soit par le funiculaire, puis, tournant à gauche par la Rue St.-Éleuthère, visitez d'abord la vieille église St.-Pierre, vestige de l'ancien monastère du XIIème siècle et dont certains piliers proviennent, croit-on, d'un ancien temple païen que les Romains avaient élevé sur la colline. Entrez ensuite dans l'immense basilique dont le style roman-byzantin semble, quelque peu massif et dépaysé ; voyez, si cela vous intéresse, la Savoyarde, la plus grosse cloche de France ; puis, soit du haut du dôme, soit des marches du grand portail, regardez Paris — Paris, amas immense et confus de bâtiments enchevêtrés, hérissé à perte de vue de cheminées et de clochers avec ici et là un dôme, une tour se détachant du reste, le Paris d'aujourd'hui, né de celui d'hier, né des générations de vingt siècles passés, de ces myriades d'êtres, artisans inconscients de cette œuvre incessante qui, eux aussi, vécurent poursuivant leurs chimères ou peinant à leur tâche.

Songez aux quelques·uns dont la mémoire émerge de cette multitude, ceux dont le nom évoque les temps où ils vivaient en marquant leur époque d'un rayon de soleil ou d'une traînée de sang.

Tout ce passé est devant vous :

Là-bas à droite, Camulogène et ses Gaulois luttant contre l'envahisseur.

En face de vous, la Montagne Ste.-Geneviève, le tombeau de la sainte, tout près du Panthéon, dominant la rive gauche, son vieux palais romain, ses collèges médiévaux aujourd'hui disparus, ses couvents d'autrefois — tout ce quartier, berceau de la pensée française, de sa théologie, de la Révolution.

Plus bas, les tours de Notre-Dame évoquant le passé de la cité fluviale, la Lutèce gauloise, la cité romaine, la ville sans secours résistant aux Normands avec Eudes son comte et Gozlin son évêque, St.-Louis rendant justice, la Basoche et ses clercs, Abélard éveillant la torpeur de son siècle, Héloïse . . .

Puis, le Louvre, Jeanne d'Arc blessée tout près de là, ce palais et ses rois, Catherine de Médicis, la St.-Barthélemy ; les Tuileries et Louis XVI ; la Concorde et son passé sinistre ; l'Étoile et la Madeleine, majestueux souvenirs de la grande épopée qui finit en désastre, dont le héros repose sous ce dôme doré qu'illumine le couchant.

Et puis, la Tour Eiffel dressant sa svelte antenne, la Grande Roue, pitoyable symbole de notre âge de fer, l'Opéra, la Trinité, St.-Vincent-de-Paul et ses tours carrées.

Et enfin le terrain où vous êtes, sacré aux dieux païens, puis devenu chrétien par son baptême de sang, le sang de St. Denis et de ses compagnons — Montmartre, Mont de Mars,

Mont des Martyrs, voué à la foi, voué aux plaisirs, trouvant place sous cette double dédicace pour un monde laborieux et une foule d'artistes enthousiastes et actifs, Montmartre, la Butte Sacrée de l'esprit parisien.

LES ENVIRONS DE PARIS

(Voir les plans aux pages 6 à 9, 23/24, 30/31, 38 et 46/47)

Les environs de Paris abondent en belles promenades soit en forêt, soit au bord de l'eau et en buts d'excursions à des villes et des villages aussi intéressants par leurs souvenirs que par leur aspect pittoresque.

Deux de ces promenades, le Bois de Boulogne et le Bois de Vincennes, sont aux portes de la capitale.

Le Bois de Boulogne, situé à l'ouest de la ville, est un vestige de l'antique forêt de Rouvray près de laquelle s'élevait autrefois l'abbaye de Longchamp et un pavillon de chasse, la Meute, devenu aujourd'hui le château de la Muette.

Jadis repaire de gibier de chasse et de potence, le Bois de Boulogne, délaissé jusqu'au Second Empire, fut alors entièrement transformé par Haussmann et Alphand. C'est ainsi qu'il est devenu pour les Parisiens, en semaine, la promenade à la mode et, le dimanche, la promenade populaire.

L'hippodrome de Longchamp et le champ de courses d'Auteuil se trouvent tout à côté, ainsi que le Jardin d'Acclimatation dont la ménagerie attire de nombreux visiteurs de tous âges.

Un des endroits les plus charmants du bois est le petit parc du château de Bagatelle que le Comte d'Artois, le futur Charles X, fit bâtir en 1777 à la suite d'un pari avec Marie-Antoinette.

Situé à l'est de Paris, le Bois de Vincennes se trouve donc éloigné des quartiers riches de la ville. Il contient cependant de charmantes promenades.

Vincennes est célèbre par son château dont l'origine remonte au XIIème siècle et dont le donjon a servi de prison à des personnages fameux tels que Henri de Navarre, Condé, Fouquet et le duc d'Enghien que Napoléon Ier fit fusiller dans les fossés du château.

C'est là également qu'eurent lieu au cours de la dernière guerre des exécutions capitales de traîtres et d'espions.

Une autre jolie promenade consiste à se rendre par le bateau à Sèvres et à St.-Cloud — Sèvres dont la célèbre manufacture de porcelaine mérite bien une visite, St.-Cloud dont le château fut brûlé en 1870 mais dont le parc et ses environs sont ravissants.

Aller à St.-Denis n'est pas faire une promenade au grand air ; St.-Denis est un grand centre industriel mais sa vieille basilique résume l'histoire de France. Fondée par Dagobert près du tombeau de St.-Denis, elle fut la sépulture des rois, Suger fut son abbé, Abélard y vécut, Jeanne d'Arc y passa, Henri IV y abjura le protestantisme, Napoléon y épousa Marie-Louise. Que de souvenirs — et combien d'autres !

Versailles — encore une autre phase de l'histoire nationale : la cour du grand roi, son palais majestueux, le parc et ses grands arbres, ses statues esseulées aux coins de ses bosquets, ses bassins endormis, sauf aux jours des grandes eaux — mais, pour comprendre Versailles, pour revivre son passé, visitez-le en semaine, sans la foule. Voyez les Trianons, le Hameau de la Reine et leur parc, si joli au printemps, et à l'automne si merveilleux.

Allez aussi voir St.-Germain-en-Laye, ancienne résidence royale dont le beau château Renaissance qui a succédé à la forteresse du moyen âge renferme le Musée des Antiquités Nationales. Puis, voyez la vallée de la Seine et Paris du haut de la terrasse et faites une promenade dans la belle forêt.

Jacques II, roi d'Angleterre, qui pendant ses douze années d'exil vécut au château de St.-Germain, est enterré dans l'église de la ville.

Si pour aller à St.-Germain vous prenez le tramway partant de la Place de l'Étoile, vous traversez Rueil dont l'église renferme le tombeau de l'impératrice Joséphine et celui de la reine Hortense, sa fille.

Plus loin, vous passez près de la Malmaison, la résidence de Bonaparte, Premier Consul, où plus tard Joséphine, divorcée, viendra finir ses jours et où l'année suivant sa mort, l'année de Waterloo, l'empereur abandonné viendra se réfugier avant de partir à Rochefort — vers l'Angleterre et Ste.-Hélène.

Puis, arrivant près de Marly, vous voyez

l'installation hydraulique construite sous Louis XIV pour alimenter d'eau Versailles.

Que d'autres endroits à citer ! Maisons-Laffitte et son joli château bâti par Mansard au XVIIème siècle.

Robison, si populaire pour ses promenades, à ânes et ses grands arbres, et le bois de Verrières d'où l'on domine la vallée de la Bièvre.

Enghien, Montmorency avec l'Ermitage de Jean-Jacques Rousseau et sa belle forêt.

Chevreuse, le château de Dampierre, le joli vallon des Vaux-de-Cernay et l'étang de Vaux.

Montlhéry et sa vieille tour, vestige de l'ancien château-fort.

Villeneuve-St.-Georges et la Forêt de Sénart.

Les amateurs de canotage pourront se livrer à ce sport à Argenteuil, Asnières, Bougival et Châtou sur la Seine, à Joinville-le-Pont et à Nogent sur la Marne.

Puis, parmi les excursions plus lointaines, n'oubliez pas Fontainebleau avec son palais évoquant le souvenir de François Ier, de Henri IV, de Napoléon qui y abdiqua en 1814, avec son parc et son étang et surtout avec sa forêt, l'une des plus belles et des plus pittoresques de France.

Allez aussi à Chantilly voir le somptueux château du Grand Condé et sa vaste forêt — et, enfin visitez Compiègne, son château, son parc, son vieil Hôtel-de-Ville, Compiègne si cruellement éprouvé pendant la guerre.

LA VILLE DE PARIS

(Voir les statistiques données pages 189 à 191)

PLUS que toute autre capitale du monde, Paris est le centre vital du pays.

Regardez une carte de France, tels les nerfs et leurs ramifications autour d'un ganglion nerveux, toutes les grandes routes et voies ferrées rayonnent autour de la capitale. Toute la vie du pays y est centralisée : le gouvernement, les arts, les sciences, l'industrie, le commerce.

Aucune autre agglomération en France ne rivalise même de loin par son importance avec celle de Paris. Marseille et Lyon n'atteignent pas 600,000 habitants alors qu'en 1914 Paris en comptait 2,900,000 — et si l'on ajoutait à ce chiffre celui de la population des environs immédiats de la capitale, ceux qui n'en sont séparés que par les murs des fortifications, on atteindrait un total d'environ quatre millions.

Paris occupe une situation privilégiée : bâti sur les rives d'un fleuve facilement navigable et non loin de ses confluents avec deux grandes rivières, la Marne et l'Oise, dont les vallées s'étendent l'une vers l'est, l'autre au nord, relié par de nombreux canaux aux centres industriels et agricoles des bassins voisins ainsi qu'aux ports du nord et aux régions de l'est, environné de collines riches en pierre à

K

bâtir, en marnes, en calcaire et en plâtre, précieux matériaux pour la fabrication des briques et pour les besoins de la construction, il se trouve aussi à proximité des riches plaines de la Beauce et de la Brie et des belles forêts qui ornent ses environs.

Son climat tempéré permet de voir la vigne mûrir dans les jardins de sa banlieue et, grâce à leurs soins assidus, les maraîchers des alentours contribuent largement à l'alimentation des marchés parisiens.

En général, l'hiver n'y est pas rigoureux et si les pluies sont assez fréquentes ce ne sont souvent que de simples ondées.

Au point de vue administratif, Paris est divisé en vingt arrondissements, chacun ayant un maire et deux conseillers municipaux. Le Conseil Municipal siège à l'Hôtel-de-Ville et partage le pouvoir administratif de la capitale avec le Préfet de la Seine qui, lui, est nommé par le Gouvernement.

L'alimentation de Paris en eau est fournie par plusieurs sources, la Dhuis, la Vanne et quelques autres, captées dès leur origine, par des rivières, la Seine, la Marne et l'Ourcq, et par trois puits artésiens. Quatre grands réservoirs (à Belleville, Ménilmontant, Montmartre et Montsouris) reçoivent les eaux des sources et des rivières.

Le réseau des égouts qui est remarquablement organisé peut être visité avec l'autorisation du Préfet de la Seine (lui adresser une demande sur papier timbré à o^f,60 avec timbre pour la réponse). Les visites ont généralement lieu les deuxième et quatrième mercredis des mois d'été.

Enserré dans ses fortifications de 1840/1845 qui lui font une ceinture de plus de 33 km., Paris renferme cependant plusieurs grands parcs et jardins (ceux des Tuileries, du Louvre, du Luxembourg, du Palais-Royal, de Montsouris et des Buttes-Chaumont) ainsi qu'un grand nombre de squares, de promenades et de boulevards qui par leurs arbres et leur verdure embellissent et égayent la ville.

De nombreux monuments ornent ses voies publiques et ses jardins ; 106 des 552 statues ainsi exposées représentent des hommes illustres.

La Ville de Paris possède dix-neuf cimetières dont certains sont extra-muros. Les plus intéressants à visiter sont ceux du Père-Lachaise, de Montparnasse et de Montmartre.

La Seine traverse Paris en décrivant une large courbe de 12 km. de longueur. Grâce à sa situation fluviale et à ses trois canaux (Canal de l'Ourcq, Canal Saint-Denis et Canal Saint-Martin), Paris est, quant au tonnage, un port de première importance.

En plus des quais de débarquement aménagés le long des canaux sur leur parcours intra-muros, Paris possède 21 bas ports sur les quais de la Seine parmi lesquels le port des Coches reçoit surtout les blés et les farines, celui de la Rapée, les fourrages et les bois du Nord, celui de Bercy, les vins et les alcools. Enfin, il existe au port St.-Nicolas, près du Louvre, un service régulier de deux vapeurs entre Paris et Londres.

Cinq grands réseaux de chemins de fer aboutissent à la capitale :—

les chemins de fer du Nord (Gare du Nord),

ceux de l'Est (Gare de l'Est et Gare de Vincennes),

ceux de l'État (Gare St.-Lazare, Gare Montparnasse et Gare des Invalides),

ceux d'Orléans (Gare du Quai d'Orsay, Gare d'Austerlitz et Gare du Luxembourg),

et ceux de Paris-Lyon-Méditerranée (Gare de Lyon).

De plus, le chemin de fer de la Petite Ceinture fait le tour de la ville en desservant 31 stations.

Les moyens de transport en commun dans la capitale comprennent deux chemins de fer électriques souterrains, le Métropolitain et le Nord-Sud, 47 lignes d'autobus et 104 lignes de tramways (y compris celles qui pénètrent dans la banlieue).

Il ne faut pas oublier les Bateaux Parisiens qui desservent trente-deux stations et constituent un moyen de transport bon marché et agréable — par le beau temps.

En ce qui concerne l'enseignement à Paris, le lecteur trouvera page 190 différentes statistiques à ce sujet. Il y verra qu'en plus des écoles maternelles et primaires la Ville de Paris possède huit écoles primaires supérieures dont six pour garçons et deux pour filles. Dans six de ces écoles, l'admission se fait uniquement

par voie de concours et les cours en sont entièrement gratuits ; dans les deux autres, le nombre
des boursiers atteint presque la moitié du
nombre total des élèves.

De plus, sept écoles professionnelles de
garçons admettent les enfants par voie de
concours à leur sortie de l'école primaire et leur
enseignent respectivement le dessin pratique,
l'application des beaux-arts à l'industrie, les
industries du fer, les industries de l'ameublement, la physique et la chimie, les arts et
l'industrie du livre et la petite mécanique.
De même, huit écoles professionnelles et ména-
gères sont ouvertes aux filles.

De nombreux cours gratuits du soir sont
établis par différentes sociétés privées reconnues
d'utilité publique.

Il existe en outre douze lycées de l'État et
un collège municipal pour garçons et cinq
lycées pour jeunes filles.

Quant à l'Université de Paris qui réunit
plus d'un tiers des étudiants de France pour
l'enseignement supérieur, plus de 14,000
étudiants français et 1,000 étudiantes françaises
ainsi qu'environ 3,500 étudiants étrangers et
1,200 étudiantes étrangères suivaient ses cours
avant la guerre. De ces étudiants et étudiantes
de l'étranger, plus de la moitié venaient de
Russie ; ensuite venaient, par ordre d'importance numérique, l'Allemagne, la Roumanie,
la Turquie, l'Autriche-Hongrie, l'Empire Bri-
tannique, l'Égypte, etc.

L'Université de Paris comptait alors 160

professeurs titulaires, 25 professeurs adjoints, 59 agrégés, 30 chargés de cours et 26 maîtres de conférences.

De son côté, le Collège de France compte 44 chaires dont les cours de littérature, philologie, mathématiques, histoire naturelle, histoire, philosophie et droit sont publics et gratuits.

Les cours du Muséum d'Histoire Naturelle, faits par 18 professeurs, sont également publics et gratuits.

Il se trouve à Paris quatre grandes bibliothèques nationales : la Bibliothèque Nationale proprement dite, celle de l'Arsenal, la Bibliothèque Mazarine et la Bibliothèque Sainte-Geneviève.

S'enrichissant sans cesse par suite du dépôt légal obligatoire d'un exemplaire de toutes les publications françaises (livres, musique, scénarios de cinématographe, etc.), la Bibliothèque Nationale possédait en 1913 : 3,643,043 imprimés, 508,517 cartes et plans, 112,002 manuscrits, 209,964 médailles et 2,794,832 estampes.

La Ville de Paris possède 80 bibliothèques municipales ainsi que 11 bibliothèques professionnelles d'art et d'industrie.

Il existe en outre diverses bibliothèques telles que celles du Muséum, du Conservatoire des Arts-et-Métiers, du Musée Pédagogique et la Bibliothèque historique de la Ville de Paris.

En 1913, il existait à Paris 49 théâtres dont 4 subventionnés par l'État (l'Opéra, l'Opéra-

Comique, la Comédie-Française et l'Odéon), 33 cafés-concerts et concerts, 9 music-halls, 8 cirques et skatings, 9 bals, 24 cinémas et 3 concerts d'artistes.

L'Assistance Publique prélève le droit des pauvres sur les recettes de tous ces établissements.

La même année, les 29 hôpitaux de Paris ont traité 239,518 malades dont 207,307 sont sortis et 22,031 sont décédés, le nombre des malades en traitement s'élevant en moyenne à 12,600.

Cette année-là aussi, 51,230 personnes reçurent l'assistance obligatoire et 4,394 étaient inscrites au contrôle des indigents.

Aux termes de la loi du 14 Juillet 1905, l'assistance obligatoire est accordée à tout Français indigent, infirme, incurable ou âgé de 70 ans au moins. Chaque indigent reçoit, suivant la décision du Conseil Municipal, l'assistance à domicile ou dans un établissement hospitalier. Pour Paris, l'assistance obligatoire à domicile était en 1913 de 30 francs par mois (dont 70 % à la charge de la Ville, 15 % à celle du Département et 15 % à celle de l'État).

Enfin, n'oublions pas de faire mention des sapeurs-pompiers dont le nombre s'élève à 1,855, y compris 52 officiers, et qui en 1913 ont combattu 1,982 incendies (dont 20 importants) et 1,736 feux de cheminée. La valeur des dégâts causés fut estimée à 5,372,969 francs. Ces braves gens en ont vu bien d'autres depuis, surtout en 1918 au moment des bombardements aériens et terrestres.

LA VIE DE PARIS

En jetant un regard sur les plans des pages 10/11 et 12/13, on verra tout de suite que les quartiers riches de la ville sont situés vers l'ouest tandis que ceux de l'est sont les moins fortunés.

Toutefois, il n'en faut pas conclure que ces distinctions sont absolument précises car, peu à peu, dans bien des quartiers autrefois misérables, les nouvelles maisons que l'on y élève changent avantageusement l'aspect de leurs alentours.

D'ailleurs, les apparences sont parfois trompeuses et dans bien des rues aristocratiques la boutique d'un marchand de vin ou d'un autre commerçant voisine avec une maison aux appartements luxueux, voire même un vieil hôtel. A Paris, en effet, le commerce a pénétré partout, envahissant les anciennes demeures seigneuriales du Marais, de la Rue Vivienne, de la Place des Victoires — et depuis quelques années l'Avenue des Champs-Élysées se peuple de boutiques.

De là cependant à un nivellement social entre les quartiers riches et leurs opposés, il y a un monde d'écart. Quel abîme, par exemple, entre les majestueux hôtels près des Champs-Élysées et certains cabarets dans le quartier des Halles où pour une somme de 10 à 30 centimes on permet aux clients de dormir quelques heures sur les bancs ou les tables ! D'ailleurs, presque chaque quartier conserve une physionomie qui lui est bien sienne, une industrie ou une spécialité qui lui est propre.

Beaucoup de visiteurs, surtout parmi les visiteurs étrangers, ne connaissent de Paris, à part les monuments célèbres, que cette partie de la capitale qui est devenue en quelque sorte cosmopolite en raison du nombre d'étrangers qui descendent à ses hôtels, qui font leurs emplettes dans les élégantes boutiques de ses rues et qui fréquentent ses cafés, ses music-halls et autres lieux d'amusement.

Pour qui prend la peine d'étudier les caractéristiques de ses divers quartiers, Paris est cependant un champ fertile d'observation.

Partagés par la Seine en deux groupes principaux, nombre de ses habitants sont persuadés qu'ils se sentiraient tout dépaysés s'ils devaient aller vivre sur la rive opposée à la leur. Le Paris de la rive droite, beaucoup plus grand que l'autre, possédant les Boulevards, étant le centre du gros commerce, avec ses nombreux ateliers, ses riches quartiers modernes, semble, à son habitant, avoir beaucoup plus de vie et de mouvement que le Paris de la rive gauche qui lui est resté le quartier des Écoles, l'ancien quartier latin, ainsi que le refuge de la vieille aristocratie, l'ancien faubourg St.-Germain.

Les Grands Boulevards, la Rue de la Paix, l'Avenue de l'Opéra, la Rue Royale, le Faubourg St.-Honoré, les arcades de la Rue de Rivoli et les Champs-Élysées sont, avec les alentours de

l'Opéra et de la Madeleine, les principales artères
de ce qu'on pourrait appeler le quartier cosmopolite. C'est là que se trouvent les boutiques
les plus luxueuses (bijouterie, objets d'art,
lingerie, parfumerie, etc.).

La Rue de la Paix ainsi que la Place Vendôme
et l'Avenue de l'Opéra sont devenues le centre
de la haute couture et de la mode.

Rue Lafayette et Rue de la Chaussée-d'Antin,
il se trouve également de nombreuses boutiques
de modistes, moins luxueuses en général que les
précédentes.

A titre de renseignement, on peut ici faire
allusion aux grands magasins de nouveautés
parisiens dont les noms sont connus de tout le
monde. En voici quelques uns cités par ordre
purement alphabétique :

les grands magasins du Bon Marché, situés
sur la rive gauche, rue de Sèvres et rue de Babylone ; ceux des Galeries Lafayette, Boulevard
Haussmann, derrière l'Opéra ; le bazar de
l'Hôtel de Ville, Rue de Rivoli, en face de
l'Hôtel de Ville ; les grands magasins du Louvre,
Rue de Rivoli, en face le Louvre ; ceux de la
Ménagère, Boulevard Bonne-Nouvelle ; ceux
du Printemps, Boulevard Haussmann, près de
la Gare St.-Lazare ; ceux de Pygmalion, à
l'angle de la Rue de Rivoli et du Boulevard
Sébastopol ; ceux de la Samaritaine, à l'angle
de la Rue de Rivoli et de la Rue du Pont-Neuf ;
ceux des Trois-Quartiers, Boulevard de la
Madeleine, à l'angle de la rue Duphot ; etc.

L'amateur d'objets d'art et de curiosités

trouvera des antiquaires Rue de Châteaudun, Rue de la Boétie ainsi que du côté du Quai Voltaire, sans compter ceux qui sont établis dans les riches quartiers déjà cités.

Le collectionneur de vieux livres pourra se livrer à sa passion en fouillant dans les boîtes que les bouquinistes installent le long des quais de la Seine (principalement vers le Quai Malaquais) ainsi que dans les boutiques des rues avoisinantes et de la Rue Soufflot.

Quant aux tableaux, on peut en voir de toutes écoles Rue Laffitte, Rue de Sèze, Rue de la Boétie, Boulevard de la Madeleine et bien ailleurs aussi.

Parmi les différents quartiers qui se sont spécialisés dans certaines industries ou dans certains commerces, on peut nommer :

le Faubourg St.-Antoine, le grand centre de la fabrication du meuble,

la Rue du Sentier et les rues voisines ainsi que les rues Vivienne et de Richelieu, pour les tissus en gros,

la Rue Montmartre et les rues adjacentes pour la confection en gros pour dames — et la Rue St.-Martin pour la confection pour hommes,

la Rue du Quatre-Septembre et la Rue Réaumur pour les soieries en gros et les fournitures pour modistes,

la Rue St.-Denis pour la passementerie et la mercerie,

le quartier du Temple pour la maroquinerie et les articles de Paris, le Marais, dont les vieux hôtels abritent de nos jours de nombreux ateliers de bronze d'ameublement et d'articles de Paris,

le Boulevard Richard-Lenoir et tous ses alentours pour les machines-outils,

le sud-est de Paris pour les tanneries qui sont établies en bordure de la Bièvre.

Quant aux maisons de commission pour l'exportation en Amérique du Sud ou ailleurs, elles se trouvent surtout dans les Rues d'Hauteville, de Paradis et dans les rues avoisinantes. En passant par ces rues, vous verrez souvent des hommes portant des piles de grandes boîtes noires ; ces boîtes renferment les échantillons de fleurs artificielles, de plumes et autres articles de fantaisie pour lesquels la réputation de Paris est universelle.

Le Boulevard Poissonnière et le Boulevard des Italiens ainsi que la Rue et le Faubourg Montmartre, la Rue Drouot et la Rue de Richelieu forment le centre du Paris journaliste. C'est dans ce quartier que se trouvent les bureaux et les ateliers de la plupart des grands journaux.

Enfin, hors de Paris, Levallois-Perret, Neuilly et Puteaux se consacrent à la carrosserie automobile et aussi, surtout depuis la guerre, à la construction d'aéroplanes. Les maisons de vente de la plupart de ces usines se trouvent dans le quartier des Champs-Élysées et de l'Avenue de la Grande-Armée.

Le visiteur qui désire étudier la vie réelle de Paris peut facilement se documenter lui-même.

En se rendant aux Halles de bonne heure le

matin, il verra le spectacle curieux de ces quantités de légumes et de provisions diverses amoncelées de tous côtés et la foule grouillante de marchands et de clients.

Certaines rues, telles que celle du Faubourg St. Denis, sont bordées chaque matin de nombreuses petites voitures, les voitures des quatre-saisons, qui transforment ainsi le long du trottoir en un marché à ciel ouvert.

Pendant les quatre premiers jours de la semaine sainte, la foire à la ferraille qui se tient Boulevard de la Bastille et la foire aux jambons qui occupe le Boulevard Richard-Lenoir méritent toutes deux une visite sinon comme acheteur du moins comme curieux. Puis, si vous ne craignez pas la musique foraine, la poussière, la foule et l'odeur des pommes de terre frites, allez à la foire au pain d'épice qui, commençant à Pâques, dure pendant trois semaines et dont les innombrables « attractions » occupent la Place de la Nation, le Cours de Vincennes et leurs abords.

Un autre milieu du monde parisien est celui que l'on rencontre à l'Hôtel des Ventes, Rue Drouot, là où se font les ventes publiques aux enchères. Souvent ce ne sont les ventes que d'humbles mobiliers dispersés ainsi après la mort de leur propriétaire, mais, de temps en temps, il s'y vend de remarquables collections d'objets d'art, de tableaux ou de bijoux qui sont alors exposés un ou deux jours d'avance et dont la mise aux enchères réunit de nombreux amateurs et marchands. Ces jours-là, la physionomie des personnes présentes rivalise d'intérêt avec les objets disputés.

Ces grandes ventes, cependant, n'ont pas toujours lieu à cet endroit. Certaines d'entre elles sont faites dans les salles d'exposition des grands marchands de tableaux (Galeries Durand-Ruel, 16 Rue Laffitte, Georges Petit, 8 Rue de Sèze, etc.).

Dans un autre ordre d'idées, les audiences des tribunaux du Palais de Justice et même celles du Juge de Paix (dans chaque mairie) offrent parfois de curieux aperçus sur les idées de nos contemporains.

La personne qui s'intéresse à la pédagogie peut assister suivant son sexe aux examens oraux soit des candidats, soit des candidates aux brevets élémentaire et supérieur ayant lieu généralement en Juillet et en Octobre à l'Hôtel des Examens, Rue Mabillon.

Enfin, le visiteur ne devrait pas oublier de profiter du beau temps pour prendre le bateau et pour observer en passant l'activité de certains quais, l'impassibilité des pêcheurs à la ligne, l'industrie des tondeurs et baigneurs de chiens et, en été, la joie des gamins qui pataugent — sans parler de l'intéressant spectacle qu'offrent les deux rives.

Le dimanche, s'il aime la musique religieuse, il pourra en entendre à la Madeleine, à St.-Roch, à Notre-Dame, à St.-Sulpice et à la Trinité.

Inutile de dire que de lui même le visiteur trouvera que le meilleur moyen d'observer la foule qui circule sur les Boulevards est de s'asseoir à la terrasse de l'un de leurs nombreux cafés. Qu'il soit permis de lui rappeler que les Parisiens déjeunent à midi et dînent vers sept heures du soir.

Quant aux théâtres, il en trouvera facilement le programme soit dans les journaux, soit en consultant les affiches des colonnes Morris situées sur les voies principales de la ville.

MOYENS DE TRANSPORT

(Voir les plans aux pages 14/15 et 16/17)

Comme on pourra s'en rendre compte en consultant les plans aux pages indiquées ci-dessus, Paris est amplement pourvu de moyens de transport permettant de se rendre rapidement et à peu de frais dans n'importe quel quartier de la capitale.

Les différents tarifs indiqués ici sont ceux qui sont actuellement en vigueur, mais il est possible que d'ici peu ils soient augmentés.

AUTOBUS

Tous les autobus furent réquisitionnés au début de la guerre par les autorités militaires. A l'heure actuelle, le service est loin d'avoir repris son importance normale et jusqu'à présent seulement quelques unes des 47 lignes ont recommencé à fonctionner ; toutefois, cette situation va sans doute s'améliorer rapidement.

Les véhicules ne s'arrêtent qu'aux arrêts « obligatoires » et « facultatifs » dont l'emplacement est indiqué par une plaque fixée généralement à un réverbère. Les sièges de Iʳᵉ classe se trouvent au fond des voitures.

Le parcours est divisé en sections ; le tarif

actuel est de 0ʳ,20 par section en 1ᵉʳᵉ classe et de 0ʳ,15 en 2ᵉᵐᵉ classe. Lorsque le voyageur, au moment de payer sa place, fait connaître qu'il doit effectuer un parcours se trouvant sur différentes sections, le prix de son billet est 0ʳ,30 en 1ᵉʳᵉ classe et 0ʳ,20 en 2ᵉᵐᵉ classe.

Des numéros d'ordre sont placés à la disposition du public aux principaux arrêts ; les conducteurs des véhicules admettent les voyageurs munis de ces numéros en les faisant monter par ordre numérique — de sorte que les premiers à attendre sont les premiers à partir.

TRAMWAYS

Les remarques faites ci-dessus quant aux arrêts et aux numéros d'ordre s'appliquent également aux tramways.

Sur certaines lignes, lorsque le « tramway » se compose de deux voitures, l'une d'elles est généralement réservée aux voyageurs de 1ᵉʳᵉ classe et l'autre à ceux de seconde.

Le tarif actuel, dans Paris, est de 0ʳ,20 par section en 1ᵉʳᵉ classe et 0ʳ,15 en 2ᵉᵐᵉ classe — et de 0ʳ,30 en 1ᵉʳᵉ classe et 0ʳ,20 en 2ᵉᵐᵉ classe pour parcours sur différentes sections.

MÉTROPOLITAIN ET NORD-SUD

Sur ces deux réseaux de chemins de fer électriques souterrains, le tarif actuel est de 0ʳ,25 en 1ᵉʳᵉ classe et de 0ʳ,15 en 2ᵉᵐᵉ classe, ceci pour n'importe quelle distance.

L

Les trains qui se suivent à quelques minutes d'intervalle pendant toute la journée circulent de 5ʰ15 jusqu'à 23ʰ30 (heures de départ des points terminus).

Les voyageurs peuvent correspondre d'un réseau à l'autre sans renouveler leur ticket. Le wagon de 1ᵉʳᵉ classe se trouve généralement au milieu du train.

En plus des indications sur le plan des pages 14/15, on remarquera que les lignes du Métropolitain et du Nord-Sud ainsi que leurs stations sont marquées en rouge sur le plan détaillé (pages 24 à 45).

Petite Ceinture

Le chemin de fer de la Petite Ceinture fait le tour de Paris à l'intérieur des murs et relie entre eux les grands réseaux de voies ferrées. Son parcours d'environ 35 kilomètres prend à peu près une heure et demie en raison des nombreuses stations desservies. Les trains circulent dans chaque sens à dix minutes d'intervalle. La Gare St.-Lazare est la gare principale mais des trains partent également de la Gare du Nord et un branchement arrive au Champ-de-Mars.

Les trains comportent deux classes et les billets sont respectivement de 0ᶠ,40 et 0ᶠ,20 pour parcours de deux stations (pour aller soit à la station voisine, soit à celle d'après) - et de 0ᶠ,55 et 0ᶠ,30 pour parcours plus long.

Bateaux-Parisiens

Ce service comporte deux lignes :—

1° — Maisons-Alfort   (Charenton) - Viaduc
         d'Auteuil.
      Tarif :   0ᶠ,15 en semaine et 0ᶠ,25 les
         dimanches et fêtes.
2° — Pont-Royal - Suresnes.
      Tarif :   0ᶠ,20 en semaine et 0ᶠ,40 les
         dimanches et fêtes.

Les pancartes fixées au-dessus des passerelles conduisant   aux   pontons   d'embarquement indiquent la direction des bateaux s'arrêtant à ces pontons.

Les passagers payent leur place une fois embarqués et reçoivent un jeton en métal qu'ils doivent rendre en débarquant.

Taxis Automobiles et Hippomobiles

Pendant la guerre, les tarifs de ces « taxis » ont été modifiés et il est possible qu'ils le soient encore prochainement.

A présent, pour les taxis-automobiles, la somme de 0ᶠ,75 marquée par l'indicateur au début de la course ne s'applique qu'aux premiers 750 mètres parcourus ; à cette somme s'ajoute celle de 0ᶠ,10 pour chaque 250 mètres en plus.

Quant aux taxis à chevaux, la somme initiale de 0ᶠ,75 ne s'applique qu'aux premiers 840 mètres ; à cette somme s'ajoute le supplément de o^f,10 pour chaque 280 mètres en plus.

Le voyageur trouvera dans chaque véhicule une plaque indiquant les différents suppléments applicables pour le transport des colis, pour les courses faites la nuit ou en dehors des fortifications, etc.

QUELQUES ADRESSES OFFICIELLES

Président de la République, Palais de l'Élysée, Rue du Faubourg-St.-Honoré, Place Beauvau.

Sénat, Palais du Luxembourg, Rue de Vaugirard.

Chambre des Députés, Palais-Bourbon, Quai d'Orsay.

Conseil d'État, Palais-Royal, Place du Palais-Royal.

Grande Chancellerie de la Légion d'Honneur, Rue de Solférino et Rue de Lille.

Ministère des Affaires Étrangères, Quai d'Orsay, 37 et Rue de l'Université, 130.

Ministère de l'Agriculture, Rue de Varenne, 76 et 78.

Ministère des Colonies, Rue Oudinot.

Ministère du Commerce et de l'Industrie, Rue de Grenelle, 101 et Rue de Varenne, 80.

Ministère des Finances, Palais du Louvre, Rue de Rivoli.

Ministère des Finances, Direction Générale des Contributions Directes, au Louvre.

Ministère des Finances, Direction Générale des Contributions Indirectes, Place du Carrousel.

Ministère des Finances, Direction Générale de l'Enregistrement et des Domaines, Rue de Rivoli, 192.

Ministère des Finances, Direction de l'Enregistrement et du Timbre, Rue de la Banque, 11.

Ministère de la Guerre, Boul. St.-Germain, 231 et Rue St.-Dominique, 14.

Ministère de l'Instruction Publique, Rue Grenelle, 110.

Sous-Secrétariat des Beaux-Arts, Rue de Valois, 3.

Ministère de l'Intérieur, Place Beauvau.

Ministère de l'Intérieur, Direction de l'Administration Départementale, Rue Cambacérès, 7 et 9.

Ministère de la Justice, Place Vendôme, 11.

Ministère de la Marine, Rue Royale, 2.

Ministère des Postes et Télégraphes, Rue de Grenelle, 99, 101, 103 et 105.

Ministère des Travaux Publics, Boul. St.-Germain, 211, 246 et 248.

Ministère du Travail et de la Prévoyance Sociale, Rue de Grenelle et Boul. des Invalides.

N.B.— Au cours de la guerre, différents ministères (Armement, Ravitaillement, etc.) ont été créés et se sont installés temporairement dans divers grands hôtels et autres immeubles de la capitale.

Préfecture de la Seine, Hôtel de Ville, Place de l'Hôtel-de-Ville.

Conseil Municipal, Hôtel de Ville, Place de l'Hôtel-de-Ville.

Préfecture de Police, Boul. du Palais et Quai du Marché-Neuf.

Préfecture de Police, Bureau des Objets Perdus, Quai des Orfèvres, 36 (ouvert de 10 heures à 16 heures, sauf les jours fériés).

Ambassades et Consulats

Angleterre — Rue du Faubourg-St.-Honoré, 39.
        Consulat : Rue Montalivet, 6.

Argentine — Av. Kléber, 46.
        Consulat : Boul. Haussmann, 91.

Belgique — Rue de Berri, 20.

Bolivie — Av. du Bois-de-Boulogne, 41.
        Consulat : Rue du Faubourg-St.-Honoré, 130.

Brésil — Rue de Lisbonne, 47.
       Consulat: Rue Cambon, 51.
Canada — Consulat: Rue de Rome, 10.
Chili — Rue de Prony, 60.
       Consulat: Square Labruyère, 2.
Chine — Rue de Babylone, 57.
Colombie — Rue de Penthièvre, 25.
       Consulat: Rue de Bassano, 12.
Costa-Rica — Av. Henri-Martin, 57.
       Consulat: Rue Taylor, 7.
Cuba — Consulat: Rue Richepanse, 15.
Danemark — Av. d'Antin, 19.
       Chancellerie et Consulat: Boul. Haussmann, 39.
Dominicaine (Républ.) — Consulat: Rue Galilée, 37.
Équateur — Chancellerie et Consulat: Av. de Wagram, 91.
Espagne — Boul. de Courcelles, 34 et 36.
       Consulat: Av. Hoche, 18.
États Unis d'Amérique — Av. Kléber, 18.
       Consulat: Av. de l'Opéra, 36.
Grèce — Rue Auguste-Vacquerie, 17.
Guatémala — Av. Kléber, 54.
Haiti (Républ.) — Légation: Boul. de Courcelles, 104.
       Consulat: Square de l'Alboni, 7.
Honduras (Républ.) — Rue de Clichy, 51.
Italie — Rue de Varenne, 50.
Japon — Av. Hoche, 7.
Libéria (Républ.) — Rue de Clichy, 51.
Mexique — Boul. Haussmann, 144.
       Consulat: Rue Bourdaloue, 5.
Monaco (Principauté de) — Rue de la Faisanderie, 27.
Monténégro — Boul. Berthier, 45.
       Consulat: Boul. Voltaire, 3.
Nicaragua (Républ.) — Légation: Rue Boccador, 3.
       Consulat: Rue de Clichy, 51.

Norvège — Chancellerie: Rue Fabert, 38bis.
          Consulat: Boul. Haussmann, 57.
Panama (Républ. de) — Rue Léo-Delibes, 3bis.
Paraguay (Républ. du) — Rue Pierre-Charron, 62.
                    Consulat :   Rue   de   la
                    Victoire, 67.
Pays-Bas — Rue Boissière, 59.
Pérou — Chancellerie: Rue Châteaubriand, 14.
          Consulat: Rue de Rome, 27.
Perse — Av. Malakoff, 64.
          Chancellerie: Rue de Sontay, 9.
          Consulat: Av. Vélasquez, 2.
Portugal — Av. Kléber, 35.
          Consulat: Rue St.-Senoch, 9.
Roumanie — Rue La Boëtie, 122.
          Consulat: Rue de la Banque, 4.
Russie — Rue de Grenelle, 79.
San-Marin — Rue Paul-Baudry, 12.
San-Salvador — Consulat: Rue d'Enghien, 13.
Serbie — Rue Léonce-Renaud, 7.
Siam — Rue de Longchamp, 4.
Suède — Av. Marceau, 58.
          Consulat: Rue de la Pépinière, 11.
Suisse — Rue de Marignan, 15bis.
Uruguay — Chancellerie: Av. Kléber, 50.
          Consulat: Rue Villebois-Mareuil.

THÉÂTRES ET AUTRES LIEUX D'AMUSEMENT

(Voir le plan des pages 20/21)

LES théâtres, music-halls, cafés-concerts et autres lieux d'amusement sont en général ouverts tous les soirs ; beaucoup d'entre eux donnent des matinées le jeudi et le dimanche ; d'autre part, certains sont fermés en été.

Le visiteur pourra facilement connaître leur programme et les heures de spectacle en consultant soit les journaux, soit les colonnes Morris placées sur les principales voies publiques et réservées aux annonces de spectacles.

En principe, l'Opéra ne donne que quatre représentations par semaine : les lundi, mercredi, vendredi et samedi. Des matinées classiques ont lieu le jeudi au Théâtre-Français et à l'Odéon. On peut s'y abonner (pour une représentation par quinzaine) ainsi qu'aux matinées similaires de l'Opéra-Comique.

Dans la majorité des cas, en plus du prix de sa place, le spectateur doit payer le droit des pauvres s'élevant en général à 10 % du prix du billet ; cependant, dans certains établissements le montant de cette taxe est compris dans le prix des places.

Dans la liste suivante des principaux théâtres et lieux d'amusement de la capitale, on a indiqué dans certains cas le prix des places les moins chères et les plus coûteuses ; ces prix sont sujets à varier.

Les spectateurs qui ne veulent pas faire la queue peuvent louer leurs places d'avance (certains théâtres font payer un supplément dans ce cas) ; les personnes achetant des billets aux marchands ambulants qui se tiennent près des portes des théâtres feront bien de s'assurer de l'emplacement exact des places qui leur sont offertes ; dans certaines salles, en raison des colonnes, du grand lustre ou de la courbe des amphithéâtres, il se trouve des places qui en réalité ne sont pas aussi avantageuses qu'elles en ont l'air d'après certains plans.

THÉÂTRES

OPÉRA, Place de l'Opéra. Tél. Louvre 07-05. 2ᶠ à 18ᶠ. Opéras et ballets.

THÉÂTRE-FRANÇAIS, Place du Théâtre-Français. Tél. Gutenberg 02-23. 1ᶠ à 10ᶠ. Tragédies, comédies, drames et pièces classiques et modernes.

OPÉRA-COMIQUE, Place Boïeldieu. Tél. Gutenberg 05-76. 1ᶠ à 10ᶠ. Opéras et opéras-comiques.

ODÉON, Place de l'Odéon. Tél. Fleurus 08-31. 1ᶠ à 12ᶠ. Tragédies, comédies, drames et pièces classiques et modernes.

GYMNASE, Boul. Bonne-Nouvelle, 38. Tél. Gutenberg 02-65. 1ᶠ65 à 15ᶠ40. Comédies et autres pièces modernes.

VAUDEVILLE, Boul. des Capucines et Rue de la Chaussée-d'Antin. Tél. Gutenberg 02-09. 1ᶠ à 12ᶠ. Comédies et drames modernes.

VARIÉTÉS, Boul. Montmartre, 7. Tél. Gutenberg 09-92. 1ᶠ à 13ᶠ. Comédies parisiennes, opérettes.

PALAIS-ROYAL, Rue de Montpensier, 38. Tél. Gutenberg 02-50. 2f50 à 8f. Comédies parisiennes.

PORTE-ST.-MARTIN, Boul. St.-Martin, 18. Tél. Nord 37-53. 1f à 12f. Drames modernes.

RENAISSANCE, Boul. St.-Martin, 20. Tél. Nord 37-c3. 1f à 15f. Comédies légères.

THÉÂTRE ANTOINE, Boul. de Strasbourg, 14. Tél. Nord 36-38. 1f à 10f. Pièces modernes.

THÉÂTRE LYRIQUE MUNICIPAL (GAÎTÉ). Square des Arts-et-Métiers. Tél. Archives 29-28. 0f50 à 5f00. Opéras et opéras-comiques.

CHÂTELET, Place du Châtelet. Tél. Gutenberg 02-87. 1f à 10f. Féeries, pièces à grand spectacle.

THÉÂTRE SARAH BERNHARDT, Place du Châtelet. Tél. Archives 0-70. 1f à 15f. Drames modernes.

THÉÂTRE RÉJANE, Rue Blanche, 15. Tél. Central 38-78. 2f à 15f. Comédies.

AMBIGU, Boul. St.-Martin, 2. Tél. Nord 36-31. 1f à 9f. Pièces modernes, drames et autres.

FOLIES-DRAMATIQUES, Boul. St.-Martin et 40 Rue de Bondy. Tél. Nord 37-01. 0f50 à 8f. Drames et comédies.

TRIANON-LYRIQUE, Boul. Rochechouart, 80. Tél. Nord 33-62. Opéras-comiques et opérettes.

THÉÂTRE APOLLO, Rue de Clichy, 20. Tél. Central 72-21. 3f à 16f50. Opérettes.

ATHÉNÉE, Square de l'Opéra. Tél. Central 82-44. 1f à 12f. Comédies légères.

BOUFFES-PARISIENS, Rue Monsigny, 4. Tél. Gutenberg 63-06. 1f à 12f. Opérettes légères.

THÉÂTRE DES ARTS, Boul. des Batignolles, 78. Tél. Wagram 86-03. Comédies et pièces diverses.

CLUNY, Boul. St.-Germain, 41. Tél. Fleurus 07-76. 1f10 à 5f50. Comédies et revues.

DÉJAZET, Place de la République. Tél. Archives 16-80. 0f50 à 5f00. Comédies légères.

THÉÂTRE DES CAPUCINES, Boul. des Capucines, 39. Tél. Gutenberg 56-40. Revues.

Grand-Guignol, Rue Chaptal, 29bis. Tél. Central 28-34. Petites pièces à sensations fortes (drames et farces).

Théâtre Michel, Rue des Mathurins, 48. Tél. Gutenberg 63-30. Opérettes légères.

Théâtre Fémina, Av. des Champs-Élysées, 90. Tél. Wagram 28-68.

Marigny Théâtre, Champs-Élysées. Tél. Gutenberg 01-89. Revues. Fermé en hiver.

English Theatre, Rue du Rocher, 64. Pièces anglaises jouées par des acteurs anglais.

New Palace Theatre, Rue de Mogador, devant ouvrir en mai, 1919.

Etc.

Music-Halls

Folies-Bergère, Rue Richer, 32. Tél. Gutenberg 02-52.

Olympia, Boul. des Capucines, 28. Tél. Central 44-80.

Alhambra, Rue de Malte, 50. Tél. Roquette 00-10.

Scala, Boul. de Strasbourg, 13.

Moulin-Rouge, Place Blanche, 90.

Jardin de Paris, Champs-Élysées. Ouvert de mai à septembre.

Etc.

Cafés-Concerts

Alcazar-d'Été, Champs-Élysées. Fermé en hiver.

Les Ambassadeurs, Champs-Élysées. Fermé en hiver.

L'Eldorado, Boul. de Strasbourg, 4.

La Cigale, Boul. Rochechouart, 120.

Concert Mayol, Rue de l'Échiquier, 10.

Ba-Ta-Clan, Boul. Voltaire, 50-52.

Casino de Paris, Av. de Clichy, 16.

Gaîté-Rochechouart, Boul. Rochechouart, 15.

Concert Européen, Rue Biot, 5, Place Clichy.

Etc.

Cabarets Artistiques

La Pie qui Chante, Rue Montmartre, 159.
La Boîte a Fursy, Boul. des Italiens, 27. Tél. Central
57-44.
Les Noctambules, Rue Champollion, 7.
L'Abri, Rue Montmartre, 167.
Etc.

Divers cabarets artistiques tels que ceux de la Lune
Rousse, du Chat-Noir, des Quat'z'Arts, du Ciel, de
l'Enfer, du Néant, etc., sont situés Boul. de Clichy et
dans ses environs.

Bals

Tabarin, Rue Victor-Massé, 34.
Bullier, Av. de l'Observatoire, 33.
Moulin de la Galette, Rue Lepic, 79.
Élysée-Montmartre, Boul. Rochechouart, 72.
Etc.

Cinématographes

Gaumont-Palace, Boul. de Clichy.
Cinématographe Pathé (Cirque d'Hiver), Place
Pasdeloup.
Omnia-Cinéma Pathé, Boul. Montmartre, 5.
Pathé-Palace, Boul. des Italiens, 32.
Aubert-Palace, Boul. des Italiens, 24.
Cinéma-Palace, Boul. Bonne-Nouvelle, 42.
Parisiana, Boul. Poissonnière, 27.
Kinéma-Théâtre, Boul. des Italiens, 27.
Gaumont, Boul. Poissonnière, 7.
Etc., etc.

Divers

NOUVEAU-CIRQUE, Rue St.-Honoré, 251. Tél. Central 41-84.

CIRQUE MÉDRANO, Boul. Rochechouart, 63. Tél. Central 40-63.

LUNA-PARK, Porte-Maillot. Attractions diverses.

MUSÉE GRÉVIN, Boul. Montmartre, 10. Musée de modèles en cire. Salle de spectacle (opérettes, etc.).

PALAIS DE GLACE, Champs-Élysées. Patinage sur vraie glace.

Concerts Artistiques

CONCERTS DU CONSERVATOIRE DE MUSIQUE, Rue du Conservatoire, 2. Les dimanches de novembre à avril à 2 heures.

CONCERTS COLONNE, au Châtelet. Les dimanches après-midi d'octobre à avril.

CONCERTS LAMOUREUX, Salle Gaveau, Rue La Boëtie, 45. D'octobre à avril.

CONCERTS ROUGES, Rue de Tournon, 6.

CONCERTS TOUCHE, Boul. de Strasbourg, 25. Tous les soirs, matinées les jeudis et dimanches.

AUDITIONS LYRIQUES, Jardin des Tuileries. Tous les soirs de juin à septembre, sauf les lundis et vendredis.

Etc.

HÔTELS

En raison des circonstances anormales actuelles, il n'est pas possible de donner des renseignements précis au sujet des prix appliqués dans les différents hôtels de la capitale ; de plus, certains des plus grands hôtels parisiens sont encore occupés par les services officiels français ou alliés qui y furent installés au cours de la guerre.

Lors de la prochaine édition, lorsque Paris aura repris sa vie normale et que les prix se seront un peu stabilisés, les renseignements ci-dessous seront complétés.

La liste suivante ne prétend pas comprendre tous les bons hôtels de la capitale — loin de là ; elle n'est composée que d'un choix d'hôtels situés dans les quartiers les plus fréquentés par les visiteurs ; forcément, par suite du manque de place, de nombreuses maisons recommandables ne sont pas citées.

Les hôtels les plus luxueux, et par conséquent ceux dont les prix sont les plus élevés, se trouvent surtout dans les quartiers de la Place Vendôme, de la Place de la Concorde, des Champs-Élysées, de la Rue de la Paix et de l'Avenue de l'Opéra. Toutefois, il se trouve également dans les rues moins en vue de ces quartiers des hôtels de moindre importance dont l'installation est cependant très confortable et dont les tarifs sont moins élevés que ceux des grands établissements.

Il existe aussi aux abords des grandes gares et dans les quartiers commerciaux (du côté de la Bourse, du Palais-Royal, des Boulevards, de la Rue Lafayette, etc.) de nombreux hôtels dont les prix sont comparativement peu élevés.

La rive gauche possède un grand nombre d'hôtels dont beaucoup, ceux du Quartier Latin, sont fréquentés par les étudiants.

Quartier de la Place Vendôme, de la Rue de la Paix, de la Rue de Rivoli et du Palais-Royal—

HÔTEL BRISTOL, Place Vendôme, 3 et 5.
HÔTEL RITZ, Place Vendôme, 15.
HÔTEL VENDÔME, Place Vendôme, 1.
HÔTEL MEURICE, Rue de Rivoli, 228/230.
HÔTEL RÉGINA, Place de Rivoli, 2.
HÔTEL WESTMINSTER, Rue de la Paix, 11/13.
HÔTEL MIRABEAU, Rue de la Paix, 8.
HÔTEL DE HOLLANDE, Rue de la Paix, 18/20.
HÔTEL DES ÎLES BRITANNIQUES, Rue de la Paix, 22.
HÔTEL CASTIGLIONE, Rue de Castiglione, 12.
HÔTEL LOTTI, Rue de Castiglione, 7.
GRAND HÔTEL DE LONDRES, Rue de Castiglione, 5.
HÔTEL CONTINENTAL, Rue de Rivoli et Rue de Castiglione.
HÔTEL ST.-JAMES ET D'ALBANY, Rue St.-Honoré, 211.
HÔTEL DE LILLE ET ALBION, Rue St.-Honoré, 223.
ROYAL PALACE HÔTEL, Place du Théâtre-Français.
GRAND HÔTEL DU LOUVRE, Place du Palais-Royal.
HÔTEL DU MONT-THABOR, Rue du Mont-Thabor, 4.
HÔTEL DE LA TAMISE, Rue d'Alger, 5.
HÔTEL BRIGHTON, Rue de Rivoli, 218.
HÔTEL DE FRANCE ET DE CHOISEUL, Rue St.-Honoré, 239.
HÔTEL OXFORD ET CAMBRIDGE, Rue d'Alger, 13.
GRAND HÔTEL DU PALAIS-ROYAL, Rue de Valois, 4.
HÔTEL DU PRINCE-ALBERT, Rue St.-Hyacinthe, 5.
HÔTEL DE LONDRES ET DE MILAN, Rue St.-Hyacinthe, 8.

Hôtel Wagram, Rue du 29-Juillet.
Hôtel de Paris et d'Osborne, Rue St.-Roch, 4.
Hôtel du Dauphin, Rue St.-Roch, 12.
Hôtel de Londres et de Brighton, Rue St.-Roch, 13.
Etc.

Quartiers de l'Opéra et de la Madeleine—

Hôtel Arcade, Rue de l'Arcade, 7.
Hôtel Bedford, Rue de l'Arcade, 17.
Hôtel Bellevue, Av. de l'Opéra, 39.
Hôtel des Deux-Mondes, Av. de l'Opéra, 22.
Hôtel Buckingham, Rue Pasquier, 32.
Madeleine Palace Hôtel, Rue Tronchet, 16.
Hôtel Chatham, Rue Daunou, 19.
Hôtel de l'Empire, Rue Daunou, 7.
Hôtel Madison, Rue des Petits-Champs, 48.
Hôtel Montana, Rue de l'Échelle, 11.
Hôtel Normandy, Rue de l'Échelle, 7.
Hôtel Suisse, Rue Lafayette, 5.
Nouvel Hôtel, Rue Lafayette, 49.
Hôtel Roblin, Rue Chauveau-Lagarde, 6.
Hôtel Scribe, Rue Scribe, 1.
Hôtel Monsigny, Rue Monsigny, 1-5.
Hôtel de la Néva, Rue Monsigny, 9.
Hôtel des États-Unis, Rue d'Antin, 16.
Hôtel d'Antin, Rue d'Antin, 18.
Grand' Hôtel, Boulevard des Capucines.
Hôtel des Capucines, Boulevard des Capucines, 37.
Hôtel Edouard VII, Rue et Place Edouard VII.
Marlborough Private Hotel, Rue des Capucines, 24.
Hôtel de Castille, Rue Cambon, 37.
Hôtel Métropolitan, Rue Cambon, 8.
Grand Hôtel Cambon, Rue Cambon, 3.
Hôtel du Canada, Rue Cambon, 25.
Burgundy Hôtel, Rue Duphot, 8.
Hôtel de la Mayenne, Rue Duphot, 6.
Hôtel Richepanse, Rue Richepanse, 14.

M

Hôtel de la Concorde, Rue Richepanse, 6.
Hôtel Vouillemont, Rue Boissy-d'Anglas, 15.
Hôtel Perey, Cité du Retiro, 5.
Hôtel de la Cité du Retiro, Cité du Retiro.
Etc.

Quartiers de la Concorde, des Champs-Élysées et de l'Étoile—

Hôtel Crillon, Place de la Concorde, 10.
Élysée-Palace-Hôtel, Av. des Champs-Élysées, 103.
Hôtel d'Albe, Av. des Champs-Elysées, 101
Hôtel Plaza, Av. Montaigne, 25.
Hôtel Alexandre III, Av. Montaigne, 2.
Hôtel Langham, Rue Boccador, 24.
Hôtel Majestic, Av. Kléber, 19.
Hôtel Beau-Site, Rue de Presbourg, 4.
Hôtel Princess, Rue de Presbourg, 10.
Hôtel Matignon, Av. Matignon, 6.
Hôtel Campbell, Av. Friedland, 45/47.
Hôtel Dominion, Av. Friedland, 28.
Hôtel Friedland, Av. Friedland, 35.
Hôtel Splendid, Av. Carnot, 1bis.
Hôtel Grosvenor, Rue Pierre-Charron, 59.
Hôtel Magellan, Av. Marceau, 59.
Hôtel d'Iéna, Av. d'Iéna, 26/32.
Hôtel Baltimore, Av. Kléber, 88bis.
Hôtel Mont-Fleuri, Av. de la Grande-Armée, 21.
Hôtel Balzac, Rue de Balzac, 4.
Hôtel des Champs-Élysées, Rue de Balzac, 3.
Hôtel Lord-Byron, Rue Lord Byron, 16.
Hôtel Washington, Rue Washington, 43.
Hôtel du Colisée, Rue du Colisée, 6.
Hôtel Avenida, Rue du Colisée, 41.
Hôtel d'Angleterre, Rue de La Boëtie, 91.
Grand Hôtel de l'Élysée, Rue des Saussaies, 12.
Hôtel Florida, Boul. Malesherbes, 12.
Hôtel du Prince de Galles, Rue d'Anjou, 26.
Etc.

Grands Boulevards et leurs environs—

HÔTEL ADELPHI, Boul. des Italiens, 22.
PALACE HÔTEL LONDON, Boul. des Italiens, 32.
HÔTEL RONCERAY, Boul. Montmartre, 10/12.
HÔTEL DE RUSSIE, Rue Drouot, 1.
HÔTEL RICHMOND, Rue de Helder, 11.
HÔTEL LOUVOIS, Square Louvois.
HÔTEL DE MANCHESTER, Rue Grammont, 1.
HÔTEL DE GRAMMONT, Rue Grammont, 22.
HÔTEL FAVART, Rue Marivaux, 5.
GRAND HÔTEL VIVIENNE, Rue Vivienne, 40.
HÔTEL BEAUSÉJOUR, Boul. Poissonnière, 30.
HÔTEL CITÉ BERGÈRE, Cité Bergère.
GRAND HÔTEL VIOLET, Rue du Faubourg Poisson-
    nière, 36.
HÔTEL CECIL, Rue du Conservatoire, 7.
HÔTEL MARGUERY, Boul. Bonne-Nouvelle, 31.
HÔTEL MODERNE, Place de la République.
                                    Etc.

Entre la Bourse et le Louvre—

HÔTEL CENTRAL, Rue du Louvre, 40.
HÔTEL DE ROUEN, Rue Notre-Dame-des-Victoires, 13.
HÔTEL DE L'UNIVERS ET DU PORTUGAL, Rue Croix-des-
    Petits-Champs, 10.

Près de la Gare St.-Lazare—

HÔTEL TERMINUS, Rue St.-Lazare, 108.
HÔTEL ANGLO-AMÉRICAIN, Rue St.-Lazare, 117.
HÔTEL LONDRES ET NEW-YORK, Place du Havre, 13-15.
BRITISH HOTEL, Rue de l'Arcade, 62.

Près de la Gare du Nord—

TERMINUS-NORD, Boul. Denain, 12.
HÔTEL DENAIN, Boul. Denain, 6.
GRAND HÔTEL MAGENTA, Boul. Magenta, 129.

Près de la Gare de l'Est—

TERMINUS-EST, Rue de Strasbourg, 5.
GRAND HÔTEL DE L'EUROPE, Boul. de Strasbourg, 74.
GRAND HÔTEL DE PARIS, Boul. de Strasbourg, 72.
Etc.

Rive Gauche

HÔTEL LUTÉTIA, Boul. Raspail, 43.
HÔTEL SOLFÉRINO, Rue de Lille, 91.
HÔTEL DU QUAI VOLTAIRE, Quai Voltaire, 19.
HÔTEL FOYOT, Rue de Tournon, 33.
TRIANON-PALACE, Rue de Vaugirard, 1bis.
Etc.

A la Gare du Quai d'Orsay—

PALAIS D'ORSAY.

Près de la Gare de Lyon—

PARIS-LYON PALACE, Rue de Lyon, 11/15.
TERMINUS DU CHEMIN DE FER DE LYON, Boul. Diderot,
19.

Près de la Gare Montparnasse—

VICTORIA PALACE HOTEL, Rue Blaise-Desgoffe, 6.
HÔTEL LAVENUE, Rue du Départ, 1, 3.
HÔTEL DU MANS, Rue de Rennes, 159.
Etc.

PENSIONS DE FAMILLE

MME PRIEUR, Av. des Champs-Élysées, 26.
VILLA SHELLA, Rue Chalgrin.
VILLA HENRI-MARTIN, Rue de la Pompe, 97.
VILLA DES DAMES, Rue Notre-Dame-des-Champs, 77-79.
PENSION ST.-RAPHAËL, Rue des Pyramides, 5.
MME FABRE, Rue de Provence, 17.
Etc., etc.

RESTAURANTS

DE même que pour les hôtels, pensions de famille et cafés, il est impossible de citer ici toutes les maisons qui mériteraient de l'être.

La plupart des grands hôtels (tels que le Ritz, l'Élysée-Palace, Hôtel, Chatham, Continental, Grand' Hôtel, Lutétia, Marguery, etc., etc.) sont également connus comme restaurants.

Parmi les autres grands restaurants, on peut citer—

VOISIN, Rue Cambon, 14-16.
PAILLARD, Boul. des Italiens, 38.
CAFÉ DE PARIS, Av. de l'Opéra, 41.
FOYOT, Rue de Tournon, 33.
LAPÉROUSE, Quai des Grands-Augustins, 51.
HENRY, Rue St.-Augustin, 30.
LE GRAND LUCAS, Place de la Madeleine, 9.
WEBER, Rue Royale, 21.
TAVERNE ROYALE, Rue Royale, 35.
CIRO, Rue Daunou, 6.
LEDOYEN, Champs-Élysées.
LES AMBASSADEURS, Champs-Élysées.
LE PRÉ CATELAN, Bois de Boulogne } fermés
PAVILLON D'ARMENONVILLE, Bois de Boulogne } en hiver
PRUNIER, Rue Duphot, 9.
GRAND-VATEL, Rue St.-Honoré, 275.
NOËL-PETERS, Passage des Princes, 24-30.
MAIRE, Boul. St.-Denis, 14.
AU BŒUF A LA MODE, Rue de Valois, 6 et 8.

Etc., etc.

Il existe aussi de nombreux restaurants et brasseries servant des repas soit à prix fixe, soit à la carte, tels que:
VIEL, Boulevard de la Madeleine.
LE RESTAURANT DU NÈGRE, Boul. St.-Denis, 17.

Taverne Gruber, Boul. Poissonnière, 13, et ailleurs aussi.
Drouant, Place Gaillon.
Brasserie Dreher, Rue St.-Denis, 1.
Taverne du Coq d'Or, Rue Montmartre, 149.
Taverne Mazarin, Boul. Montmartre, 16.
Taverne Lyonnaise, Rue de l'Échelle, 8.

Etc., etc.

Enfin, les « bouillons » restaurants sont très connus et comprennent les établissements *Duval* (Boul. Montmartre, 21; Boul. de la Madeleine, 27; Boul. St.-Denis, 11; Rue Sèvres, 67; Rue de Clichy, 84; Place du Havre, 12-14; Place de la République, 17; Rue Montesquieu, 6, et en divers autres endroits de la capitale); les bouillons *Boulant* (Boul. Montmartre, 1; Boul. St.-Michel, 34, etc.); les bouillons *Chartier*, très fréquentés par les employés de commerce (Boul. Bonne-Nouvelle, 26; Rue de Rivoli, 33; Boul. St.-Germain, 142, etc.), etc.

Parmi les restaurants de nuit, il faut citer—
Maxim's, Rue Royale, 3.
Taverne de Paris, Av. de Clichy, 3.
Brasserie Wepler, Place Clichy, 14.
Abbaye de Thélème, Place Pigalle, 1.

Etc., etc.

BRASSERIES

Muller et Blaisot, Boul. Bonne-Nouvelle, 35.
Gruber et Cie, Boul. Poissonnière, 13.
Dreher, Rue St.-Denis, 1.
Pousset, Boul. des Italiens, 14.
Karcher et Cie, Rue du Faubourg-du-Temple, 124.
Taverne Universelle, Avenue de l'Opéra.

Etc.

CAFÉS

Grand Café, Boul. des Capucines, 14.
Café Américain, Boul. des Capucines, 4.
Café de la Paix, Boul. des Capucines, 12.

Glacier Napolitain, Boul. des Capucines, 1.
Café des Princes, Boul. Montmartre.
Café de Madrid, Boul. Montmartre.
Café Véron, Boul. Montmartre.
Café de la Régence, Rue St.-Honoré, 161 (connu des joueurs d'échecs).
Taverne de l'Olympia, Boul. des Capucines, 28 (Académie de Billard).
Café de la Bourse, Rue de la Bourse, 2.
English and American Bar, Rue Auber, 1.
Turin-Bar, Rue des Pyramides.
Bodega-Bar, Rue de Rivoli, 234.

Etc., etc.

Sur la rive gauche—

Café de la Source, Café Soufflet, Café Mahieu, Café du Musée de Cluny, etc., sur le Boul. St.-Michel.
Café Voltaire, Place de l'Odéon.
Café Procope, Rue de l'Ancienne-Comédie, 13 (qui fut fréquenté par Voltaire et par Gambetta), etc.

Salons de Thé

En plus des grands hôtels, ou peut citer—
Rumpelmayer, Rue de Rivoli, 226.
Ciro, Rue Daunou, 6.
Afternoon Tea, Place Vendôme, 20.
Colombin, Rue Cambon, 4.
Marquise de Sévigné, Boul. de la Madeleine, 11.
Ceylon Tea Pavillon, Rue Caumartin, 4.
Kardomah, Rue de l'Échelle, 1.

Etc., etc.

Pâtisseries—

Favart, Boul. des Italiens, 9.
Frascati, Boul. Montmartre, 21.
Bourbonneux, Place du Havre, 14.
Cateloup, Av. de l'Opéra, 27.

Etc.

ÉGLISES, TEMPLES ET SYNAGOGUES

DANS la liste suivante des principaux édifices religieux, les églises marquées d'un astérisque sont celles qui plus que les autres méritent une visite soit en raison de leur architecture, soit à cause des souvenirs attachés à leur histoire.

La lettre M devant le nom indique que l'église en question est réputée pour sa musique religieuse ; la lettre R dénote les églises des paroisses riches, celles dans lesquelles le visiteur aura le plus de chances de voir des mariages ou des enterrements *chics*.

ÉGLISES CATHOLIQUES

NOMS ET EMPLACEMENT	Plan	Page du texte
ST.-AMBROISE, Boul. Voltaire	Of 36	»
ASSOMPTION, Rue St.-Honoré	Jf 34	120
MR* ST.-AUGUSTIN, Boul. Malesherbes	Id 25	135
ST.-BERNARD, Rue St.-Luc	Mc 27	»
R* STE.-CLOTILDE, Rue Las-Cases	Ig 33	129
ST.-DENIS-DU-SAINT-SACREMENT, Rue de Turenne	Ng 35	»
STE.-ELISABETH, Rue du Temple	Mf 35	»
* ST.-ÉTIENNE-DU-MONT, Pl. du Panthéon	Li 35	75
ST.-EUGÈNE, Rue Ste.-Cécile	Le 27	»
M* ST.-EUSTACHE, près des Halles	Lf 34	99

Noms et Emplacement	Plan	Page du texte
Notre-Dame des Champs, Boul. Montparnasse	Ji 42	»
—— de Clignancourt, Place Jules-Joffrin	Lb 27	»
—— de Lorette, R. de Châteaudun.	Kd 26	136
* —— des Victoires, Place des Petits-Pères	Kf 34	97
St.-Paul-et-St.-Louis, R. St.-Antoine	Mg 35	106
R St.-Philippe-du-Roule, Rue du Faubourg-St.-Honoré.	Ie 25	122
St.-Pierre, Rue de Chaillot.	Hf 33	»
* —— de Montmartre, R. St.-Eleuthère	Lc 26	138
—— de Montrouge, Av. d'Orléans	Jk 42	»
M* St.-Roch, Rue St.-Honoré	Kf 34	93
* Sacré-Cœur, Montmartre	Lc 26	138
* Sainte-Chapelle, Boul. du Palais.	Lg 35	65
* St.-Séverin, Rue St.-Jacques	Lh 35	70
* Sorbonne, Place de la Sorbonne	Lh 34	72
M* St.-Sulpice, Place St.-Sulpice	Kh 34	81
St.-Thomas-d'Aquin, Place St.-Thomas-d'Aquin	Jg 34	»
M* Trinité, Place de la Trinité	Kd 26	136
* Val-de-Grace, Rue St.-Jacques	Li 42	76
M* St.-Vincent-de-Paul, Pl. de Lafayette	Ld 27	136

Églises et Temples Protestants

Calvinistes—

Temple des Batignolles, Boul. des Batignolles, 46	Jc 26	»

NOMS ET EMPLACEMENT	Plan	Page du texte
ÉGLISE DE L'ÉTOILE, Av. de la Grande Armée, 54	Gd 24	»
ÉGLISE DU ST.-ESPRIT, R. Roquépine, 5 .	Ie 25	»
ÉGLISE STE.-MARIE, Rue St.-Antoine, 216	Nb 35	»
TEMPLE MILTON, Rue Milton . .	Ld 26	»
TEMPLE DE NEUILLY, Boul. d'Inkermann, 8	Ec 24	»
L'ORATOIRE, Rue St.-Honoré, 145 . .	Kf 34	86
TEMPLE DE PASSY, Rue Cortambert, 19 .	Ff 32	»
ÉGLISE DE PENTEMONT, Rue de Grenelle, 106	Jg 34	»
Luthériens (Confession d'Augsbourg)—		
TEMPLE DES BILLETTES, R. des Archives, 24	Mg 35	»
TEMPLE DE LA RÉDEMPTION, R. Chauchat, 16	Ke 26	»
Libres—		
CHAPELLE DU CENTRE, R. du Temple, 115	Mf 35	»
TEMPLE DU LUXEMBOURG, R. Madame, 58	Kh 34	»
ÉGLISE DU NORD, R. des Petits-Hôtels, 17	Md 47	»
ÉGLISE TAITBOUT, Rue de Provence, 42 .	Ke 26	»
LE FOYER DE L'ÂME, Rue Daval, 7 .	Ng 36	»

ÉGLISES BRITANNIQUES

	Plan	Page du texte
ENGLISH CHURCH, Rue d'Aguesseau, 5 .	Ie 33	121
CHRIST CHURCH, Boul. Bineau, 49 (Neuilly)	Fc 24	»
CONGREGATIONAL CHAPEL, Rue Royale, 23	Je 34	»
ST. GEORGE'S CHURCH, R. Auguste-Vacquerie, 7	Ge 32	»
ST. JOSEPH'S ROMAN CATHOLIC CHURCH, Av. Hoche, 50	Hd 25	»
CHURCH OF SCOTLAND, Rue Bayard, 17 .	Hf 33	

Noms et Emplacement	Plan	Page du texte
Wesleyan Methodist Church, Rue Roquépine, 4	Je 25	»
Baptist Church, Rue de Lille, 48 . .	Jg 34	»
New Jerusalem Church, Rue Thouin, 12	Li 35	»
Églises Américaines		
American Church, Rue de Berri, 21 .	He 33	»
Church of the Holy Trinity, Av. de l'Alma, 19bis	Hf 33	»
St. Luke's American Chapel, Rue de la Grande Chaumière, 5 . . .	Ki 42	»
Autres Églises		
* St.-Julien-le-Pauvre (église catholique grecque), R. St.-Julien-le-Pauvre, 11	Lh 35	69
Chapelle Arménienne, R. Jean-Goujon, 15	Hf 33	»
Église Flamande, Rue de Charonne .	Pg 36	»
Chapelle Espagnole, Av. de Friedland	He 25	»
* Église Russe, Rue Daru, 12 . .	Hd 25	»
Synagogues		
Rue Buffault, 28	Ld 26	»
Rue Decamps, 45	Ff 32	»
Rue Notre-Dame-de-Nazareth, 15 .	Mf 35	»
Rue des Tournelles, 21bis . . .	Ng 35	»
R Rue de la Victoire, 44 . . .	Kd 26	»

QUELQUES CHIFFRES

(D'après l'Annuaire Statistique de la Ville de Paris paru en 1917 et concernant l'année 1913)

Population de Paris en 1913 . . .	2,897,027
Population de Paris en 1863 . . .	1,747,793
Nombre de naissances en 1913 . . .	48,746
dont, illégitimes	11,762
Nombre de mariages	31,916
Nombre de divorces	3,055
Nombre de décès	44,624
Nombre de maisons	80,639
Nombre de ménages	1,123,624
Nombre d'électeurs	566,159

Recettes de la Ville pour 1913 .	1,094,599,563	francs
dont, par droits d'octroi . .	131,558,766	,,
Dépenses de la Ville pour 1913 .	611,079,715	,,
dont, pour l'enseignement .	37,056,373	,,

Longueur des voies publiques .	1,009	kilomètres
Arbres sur les voies publiques .	87,234	
Bancs sur les voies publiques .	8,237	
Surface des parcs, jardins et squares	2,224,998	mq.
Longueur des canalisations d'eau	2,822	kilomètres
Consommation moyenne d'eau par jour	997,636	mc.
Longueur des égouts . .	1,233	kilomètres

Transports par eau — Tonnage chargé .	4,786,649
Transports par eau — Tonnage déchargé .	11,709,824
Voyageurs arrivés par voie ferrée . .	106,121,645
Voyageurs partis par voie ferrée . .	106,939,868

Petite Ceinture — Voyageurs transportés .   14,005,140
Métro (88 kms.) — Voyageurs transportés . 311,994,348
Nord-Sud (14 kms.) — Voyageurs transportés 56,388,123
Autobus (47 lignes) — Voyageurs transportés 246,242,644
Tramways (104 lignes) — Voyageurs trans-
    portés 443,454,650
    (*y compris parcours extra-muros*)
Bateaux-Parisiens — Voyageurs transportés 16,408,005

Théâtres, Concerts, Bals, Etc.

Recettes brutes en 1913   .   . 68,452,395 francs
    dont, prélevé pour le droit des
        pauvres 7,523,573   „

Pari-Mutuel sur 12 champs de courses :—
    Sommes engagées " gagnant " . 229,384,830 francs
    Sommes engagées " placés "   . 130,018,930   „

    soit, en tout   .   . 359,403,760 francs
dont, prélevé par l'État   .   . 14,334,543   „

Enseignement Publique

178 écoles maternelles recevant   .   51,499 élèves
426 écoles primaires recevant   . 175,290   „
Vêtements distribués ⎫ souliers   67,175 paires
    aux enfants né- ⎬ autres effets   58,657
    cessiteux   ⎭
Valeur de ces vêtements   .   . 306,910 francs
Cantines   ⎫ Portions gratuites . 6,562,339
    scolaires ⎭ Portions payantes . 2,627,212
Bibliothèques   scolaires — Livres
    prêtés   310,765
Excursions   scolaires — Nombre
    d'élèves   35,887
Colonies scolaires — Nombre d'élèves   8,044
Epargne scolaire — Déposé en 1913 293,567 francs
165 cours d'adultes recevant   .   3,981 élèves

7 écoles professionnelles recevant .	1,422 garçons
8 écoles professionelles recevant .	2,255 filles
6 écoles primaires supérieures recevant	5,180 garçons
2 écoles primaires supérieures recevant	1,177 filles

Cours gratuits du soir organisés par cinq sociétés privées :—

Nombre de cours . . .	4,238
Moyenne de présences par semaine .	73,038
12 lycées et un collège recevant .	14,351 garçons
dont . . .	1,175 boursiers
7 lycées de jeunes filles recevant .	3,607 élèves
dont . . .	149 boursières

Assistance Publique

29 hôpitaux ayant soignés . . 239,518 malades
dont . . . . 207,307 sortis
„ . . . . 22,031 décédés
et . . . . 12,783 restant

Hospices et maisons de retraite :—

Nombre de vieillards et infirmes . . 10,782
47 crèches recevant par jour . . 1,122 enfants

Mont-de-Piété

Engagements. *Sommes prêtées* . . 9,527,894 francs
Renouvellements . . . . 2,389,709 „
Dégagements . . . . . 7,443,009 „
Ventes . . . . . . 1,422,257 „

Divers

Nombre de débits de boissons .	45,109
Nombre de terrasses de cafés, etc. .	9,897
Nombre d'étalages de toutes sortes	19,440
Locaux d'habitation occupés en 1913	1,020,565
Valeur locative de ces locaux en 1913	642,473,312 francs

OBSERVATIONS. — *N.B.* — La plupart des musées furent fermés pendant la guerre; certains d'entre eux n'ont pas encore repris les jours et heures d'ouverture habituels indiqués ci-contre.

Noms et Emplacement.	Dimanche.	Lundi.	Mardi.	Mercredi.	Jeudi.	Vendredi.	Samedi.		Observations.	Voir Page du Texte.
Arc de Triomphe de l'Etoile	•	•	•	•	•	•	•	1	De 10 à 18 heures en été, à 16 heures en hiver.	124
Archives Nationales, rue des Francs-Bourgeois, 60	•	10-15	10-15	10-15	10-15	10-15	10-15	2	Salle de Travail	123
— Musée des Chartes	12-15	•	•	•	12-15	•	•	3	Le jeudi, avec permission du Directeur.	113
Arts et Métiers, Conservatoire des, rue St. Martin, 292	10-16	•	12-16	12-16	12-16	•	12-16	4		114
Beaux-Arts, Ecole des, rue Bonaparte, 14	12-16	10-16	10-16	10-16	10-16	10-16	10-16	5	En semaine, s'adresser au concierge	82
Bibliothèque de l'Arsenal, rue de Sully, 3	•	12-16	12-16	12-16	12-16	12-16	12-16	6	Vacances du 15 Août au 1er Septembre	108
— Carnavalet, rue Sévigné, 23	11-17	11-17	11-17	11-17	10-16	10-16	10-16	7		111
— du Conservatoire des Arts et Métiers, rue St. Martin, 292	10-15	•	10-15	10-15	10-15	10-15	10-15	8	Ouverte aussi de 19 h30 à 22 heures sauf le lundi. Vacances du 18 au 30 Septembre.	114
— du Jardin des Plantes, au Muséum	•	10-16	10-16	10-16	10-16	10-16	10-16	9	Demander carte par écrit au Directeur du Muséum ou en se présentant au Bureau de l'Administration. Fermée en Septembre.	
— Mazarine, Institut	•	11-16	11-16	11-16	11-16	11-16	11-16	10	Vacances du 15 Août au 1er Septembre	133
— Nationale, Salle de lecture: rue Richelieu, 58	•	9-16	9-16	9-16	9-16	9-16	9-16	11	9-17 heures au printemps et en automne; 9-18 heures en été.	83
— — Médailles et Antiques, Estampes et Manuscrits	•	10-16	10-16	•	•	10-16	•			95
— Ste. Geneviève, place du Panthéon, 8	•	11-16	11-16	11-16	11-16	11-16	11-16	12	Ouverte aussi de 18 heures à 22 heures, sauf le dimanche	75
Bourse, place de la Bourse	•	12-17	12-17	12-17	12-17	12-17	12-17	13	Les opérations de la Bourse cessent à 15 heures	96
Catacombes, place Denfert-Rochereau	•	•	•	•	•	•	•	14	Adresser demande à l'Ingénieur en Chef des Mines, à l'Hôtel de Ville. 1er et 3ème Samedis du mois; se munir d'une bougie.	
Chambre des Députés	•	•	•	•	•	•	•	15	Pour obtenir une carte d'admission écrire à un des questeurs ou s'adresser à un député	77
Chantilly, Château de	13-17	•	•	•	13-17	•	•	16	Aussi le samedi en payant 1fr.	128
Colonne de Juillet, place de la Bastille	10-18	10-17	10-17	10-17	10-17	10-17	10-17	17	En hiver: 10-16 heures en semaine, 10-17 heures le dimanche	107
Cimetières	6-18	6-18	6-18	6-18	6-18	6-18	6-18	18	En hiver: 7-16 heures	147
Egouts	•	•	•	•	•	•	•	19	Voir page 146.	146
Fontainebleau, Palais de	10-17	10-17	10-17	10-17	10-17	10-17	10-17	20	11-16 heures du 1er Octobre au 1er Avril	144

Noms et Emplacement.	Dimanche.	Lundi.	Mardi.	Mercredi.	Jeudi.	Vendredi.	Samedi.	
Gobelins, Manufacture des, Av. des Gobelins, 42	•	•	•	13-15	•	•	13-15	21
Hôtel de Ville	•	14-16	14-16	14-16	14-16	14-16	14-16	22
Imprimerie Nationale, Rue Vieille-du-Temple, 87	•	•	•	•	à14-30	•	•	23
Institut de France, quai Conti, 12	•	11-14	11-14	11-14	11-14	11-14	11-14	24
Institution des Jeunes Aveugles, Boul. des Invalides, 56	•	•	•	•	13-17	•	•	25
Institution des Sourds-Muets, rue St. Jacques, 256	•	•	•	•	•	•	14-17	26
Invalides, Hôtel des	12-16	12-16	12-16	12-16	12-16	12-16	•	27
— Musée de l'Artillerie et de l'Armée	12-16	•	12-16	•	12-16	•	•	28
— Tombeau de Napoléon	12-16	12-16	12-16	12-16	12-16	12-16	12-16	29
Jardin des Plantes	•	•	•	•	•	•	•	30
— Ménagerie	11-16	11-16	11-16	11-16	11-16	11-16	11-16	31
— Galeries	11-15	•	11-15	•	11-15	11-15	11-15	32
— Serres	13-16	•	13-16	13-16	13-16	13-16	•	33
Jardin Zoologique d'acclimatation, au Bois de Boulogne	9-18	9-18	9-18	9-18	9-18	9-18	9-18	34
Marché aux fleurs, Quai de la Cité	•	•	•	•	•	•	•	35
—— Place de la Madeleine	•	•	•	•	•	•	•	36
—— Place de la République	•	•	•	•	•	•	•	37
—— bestiaux, Av. Jean Jaurès	•	•	•	•	•	•	•	38
—— chevaux, Boul. de l'Hôpital	•	•	•	13-16	•	•	13-16	39
—— chiens, Boul. de l'Hôpital	12-15	•	•	•	•	•	•	40
—— oiseaux, quai de la Cité	13-16	•	•	•	•	•	•	41
Monnaies, Hôtel des, quai Conti	•	•	12-15	•	•	12-15	•	42
Musée des Arts Décoratifs, rue de Rivoli, 107	10-16	10-16	10-16	10-16	10-16	10-16	10-16	43
——Carnavalet, rue de Sévigné, 23	11-17	•	11-17	11-17	11-17	11-17	11-17	44

OBSERVATIONS. *N.B.*—La plupart des musées furent fermés pendant la guerre; certains d'entre eux n'ont pas encore repris les jours et heures d'ouverture habituels indiqués ci-contre.	Voir Page du Texte.
21	132
22 Sur carte délivrée au Secrétariat Général	104
23 Ecrire au Directeur pour obtenir permission	112
24 S'adresser au Secrétariat	83
25 Avec billet du Ministre de l'Intérieur ou du directeur . . .	▸
26 ¹ Do. do. do. do.	76
27 Fermant à 17 heures en été.	127
28 De 13 heures à 17 heures les mêmes jours du 1er April au 30 Sept.	128
29 Fermant à 15 heures en hiver	127
30 Le Jardin est public	133
31 Fermant à 17 heures en été.	133
32 Les mardis, vendredis et samedis avec tickets	134
33	133
34 Fermant à 17 heures en hiver. Entrée : 1 fr. en semaine, 0f.50 le dimanche	141
35 Les mercredis et samedis	67
36 Les mardis et vendredis	▸
37 Les lundis et jeudis	▸
38 Tous les jours	136
39 De 14 à 18 heures en été	▸
40	▸
41	67
42 Avec permission du Directeur	83
43 De 10 heures à 17 heures du 16 Mars au 15 Octobre . . . Entrée gratuite le dimanche, 1f 00 en semaine . . . . L'entrée de la bibliothèque (fermée le dimanche) est gratuite .	98
44 Fermant à 16 heures en hiver. Entrée : gratuite le jeudi et le dimanche, 1fr. les autres jours	111

NOMS ET EMPLACEMENT	Dimanche.	Lundi.	Mardi.	Mercredi.	Jeudi.	Vendredi.	Samedi.	
Musée des Beaux-Arts de la Ville (Petit Palais) . . .	10-17	»	12½-17	10-17	10-17	10-17	10-17	45
— Cernuschi, 7 av. Vélasquez .	10-17	»	12½-17	10-17	10-17	10-17	10-17	46
— de Cluny et des Thermes 24 rue du Sommerard . .	11-16	»	13-17	11-17	11-17	11-17	11-17	47
— Dupuytren, à l'Ecole de Médecine. . . .	»	11-16	11-16	11-16	11-16	11-16	11-16	48
— d'Ennery, 59 av. Malakoff .	12-17	»	12-17	12-17	12-17	12-17	12-17	49
— Galliéra, 10 rue Pierre-Charron	10-17	»	12½-17	10-17	10-17	10-17	10-17	50
— Guimet, Place d'Iéna . .	12-17	»	12-17	12-17	12-17	12-17	12-17	51
— Gustave Moreau, 14 rue de la Rochefoucauld . .	10-17	»	10-17	10-17	10-17	10-17	10-17	52
— du Louvre. Peintures . .	9-17	»	9-17	9-17	9-17	9-17	9-17	53
—— Sculpture antique, antiquités orientales, dessins, musée du Moyen Age et de la Renaissance, Mobilier, Salle Thiers, Collection Thomy-Thiéry.	11-17	»	11-17	11-17	11-17	11-17	11-17	54
—— Sculpture moderne . .	»	»	13-17	»	13-17	»	13-17	55
—— Sculpture Moyen Age et Renaissance, Antiquités asiatiques et égyptiennes (au rez-de-chaussée). . . .	13-17	»	13-17	13-17	13-17	13-17	13-17	56
—— Antiquités égyptiennes (1er étage)	11-17	»	»	11-17	11-17	11-17	»	57
—— Salle de Mastaba, collections Grandidier et Pelliot .	»	»	»	13-17	»	13-17	»	58
—— Gravure et Chalcographie.	»	»	11-16	11-16	11-16	11-16	11-16	59
—— Musée de la Marine . .	13-17	»	»	»	13-17	»	»	60
Musée du Luxembourg . .	10-16	»	9-17	9-17	9-17	9-17	9-17	61
— Orfila, à l'Ecole de médecine.	»	11-16	11-16	11-16	11-16	11-16	11-16	62

OBSERVATIONS. *N.B.*—La plupart des musées furent fermés pendant la guerre ; certains d'entre eux n'ont pas encore repris les jours et heures d'ouverture habituels indiqués ci-contre.	Voir Page du Texte.
45 Fermant à 16 heures du 1er Oct. au 31 Mars. Entrée : gratuite le jeudi et le dimanche, 1fr. les autres jours.	123
46 Fermant à 16 heures en hiver. Entrée : gratuite le jeudi et le dimanche, 1fr. les autres jours .	135
47 Fermant à 16 heures du 1er Oct. au 31 Mars.	70
48 Avec autorisation du conservateur	81
49 Fermant à 16 heures en hiver	*
50 Fermant à 16 heures en hiver	125
51 Fermant à 16 heures en hiver.	125
52 Fermant à 16 heures en hiver	136
53 10–16 heures en hiver	88
54 12½–16 heures en hiver	86-91
55 12½–16 heures en hiver	87
56 12½–16 heures en hiver	87
57 11-16 heures en hiver	91
58 12½-16 heures en hiver	91
59	91
60 12½-16 heures en hiver	91
61 10-16 heures en hiver	79
62 Avec autorisation du conservateur	*

Noms et Emplacement.	Dimanche.	Lundi.	Mardi.	Mercredi.	Jeudi.	Vendredi.	Samedi.	
Musée du Trocadéro : Ethnographie .	12-17	»	12-17	»	12-17	»	»	63
Sculpture comparée	11-17	»	11-17	11-17	11-17	11-17	11-17	64
— Victor Hugo, place des Vosges, 6. . .	10-17	»	10-17	10-17	10-17	10-17	10-17	65
Notre-Dame (Trésor)	»	10-16	10-16	10-16	10-16	10-16	10-16	66
Observatoire, av. de l'Obser- vatoire	»	»	»	»	»	»	à 14h.	67
Palais de Justice . .	»	12-16	12-16	12-16	12-16	12-16	12-16	68
—, la Conciergerie . .	»	»	»	»	9-17	»	»	69
Panthéon . . .	11-17	»	11-17	11-17	11-17	11-17	11-17	70
Sainte-Chapelle . .	11-16	»	11-17	11-17	11-17	11-17	11-17	71
Saint-Denis (les tombeaux)	10-17½	10-17½	10-17½	10-17½	10-17½	10-17½	10-17½	72
St. Germain en - Laye (Château) . .	10½-16	»	10½-17	»	10½-17	»	»	73
Sénat (Palais du Luxem- bourg) . . .	»	»	»	»	»	»	»	74
Sèvres (Manufacture de) .	12-17	12-17	12-17	12-17	12-17	12-17	12-17	75
Sorbonne (Grand amphi- théâtre) . . .	»	»	»	»	13-16	»	»	76
Tabacs, Manufacture des, quai d'Orsay, 63 .	»	»	»	»	14-16	»	»	77
Tour de Jean-Sans-Peur, rue Etienne-Marcel, 20	10-16	10-16	10-16	10-16	10-16	10-16	10-16	78
Tour St. Jacques, rue de Rivoli . . .	10-16	10-16	10-16	10-16	10-16	10-16	10-16	79
Versailles, Palais et Trianons . .	11-17	»	11-17	11-17	12-17	11-17	11-17	80
— Salle du Jeu de Paume	12-16	»	12-16	12-16	12-16	12-16	12-16	81
Val-de-Grâce, église du 227 bis rue St. Jacques	10-16	10-16	10-16	10-16	10-16	10-16	10-16	82
Vincennes, château de .	10-16	»	»	»	10-16	»	»	83

	OBSERVATIONS. *N.B.*—La plupart des musées furent fermés pendant la guerre; certains d'entre eux n'ont pas encore repris les jours et heures d'ouverture habituels indiqués ci-contre.	Voir Page du Texte.
63	12-16 heures du 1er Oct. au 31 Mars	125
64	11-16 heures du 1er Oct. au 30 Avril	126
65	Fermant à 16 heures en hiver. Entrée: gratuite le jeudi et le dimanche, 1fr. les autres jours	110
66	Entrée: 0f.50. Visite des tours de 9h. à 17h. (16h. en hiver), sauf le dimanche	63
67	Le 1er Samedi du mois, avec l'autorisation du Directeur. . .	77
68	. . . .	63
69	Obtenir permission à la Préfecture de Police, Rue de Lutèce. .	67
70	10-16 heures en hiver. Les caveaux: de 13h. à 16h. sauf le lundi.	73
71	Fermant à 16 heures en hiver	85
72	De 10 heures jusqu'au crépuscule en hiver	142
73	Fermant à 16 heures en hiver	143
74	Obtenir une carte d'admission d'un des questeurs ou d'un Sénateur	79
75	. . . .	142
76	. . . .	72
77	. . . .	*
78	S'adresser au concierge	99
79	S'adresser à l'un des gardiens du square	102
80	Fermant à 16 heures en hiver. Les Trianons ferment à 18 heures en été	143
81	. . . .	*
82	. . . .	76
83	Sur permission du Commandant d'Armes de Vincennes. . .	142

REZ-DE-CHAUSSÉE.

1. Escalier des Galeries françaises et sortie de la Grande Galerie.
2. Entrée principale des Musées.
3. Entrée du Musée de l'Extrême-Orient.
4. Escalier Henri IV.
5. Entrée du Musée des Sculptures modernes.
6. Escalier Henri II.
7. Entrée du Musée des Marbres grecs et romains.
8. Escalier conduisant aux Bureaux de l'Administration.
9. Escalier des Musées d'Antiquités égyptiennes.
10. Entrée de la Galerie égyptienne.
11. Entrée des Salles des Antiquités asiatiques.
12. Escalier conduisant aux Musées du Moyen-Age, de la Renaissance, etc.
13. Direction des Musées nationaux.

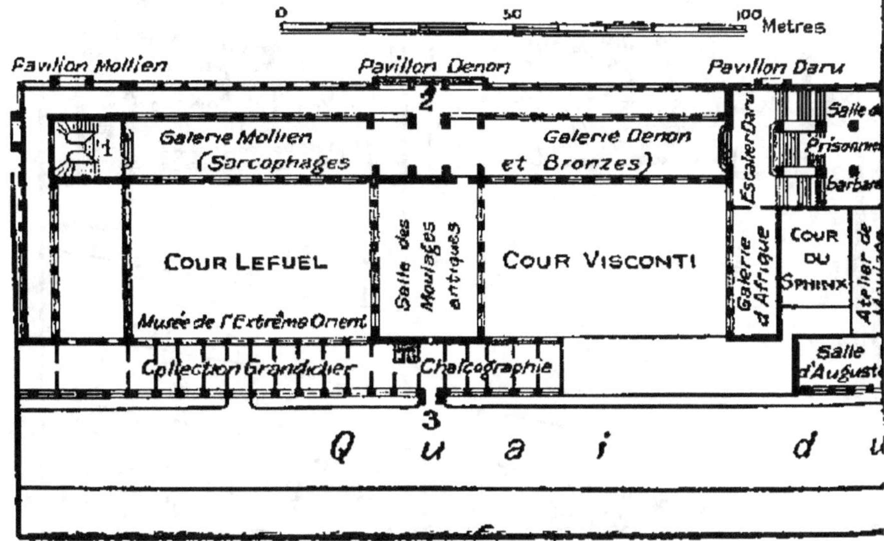

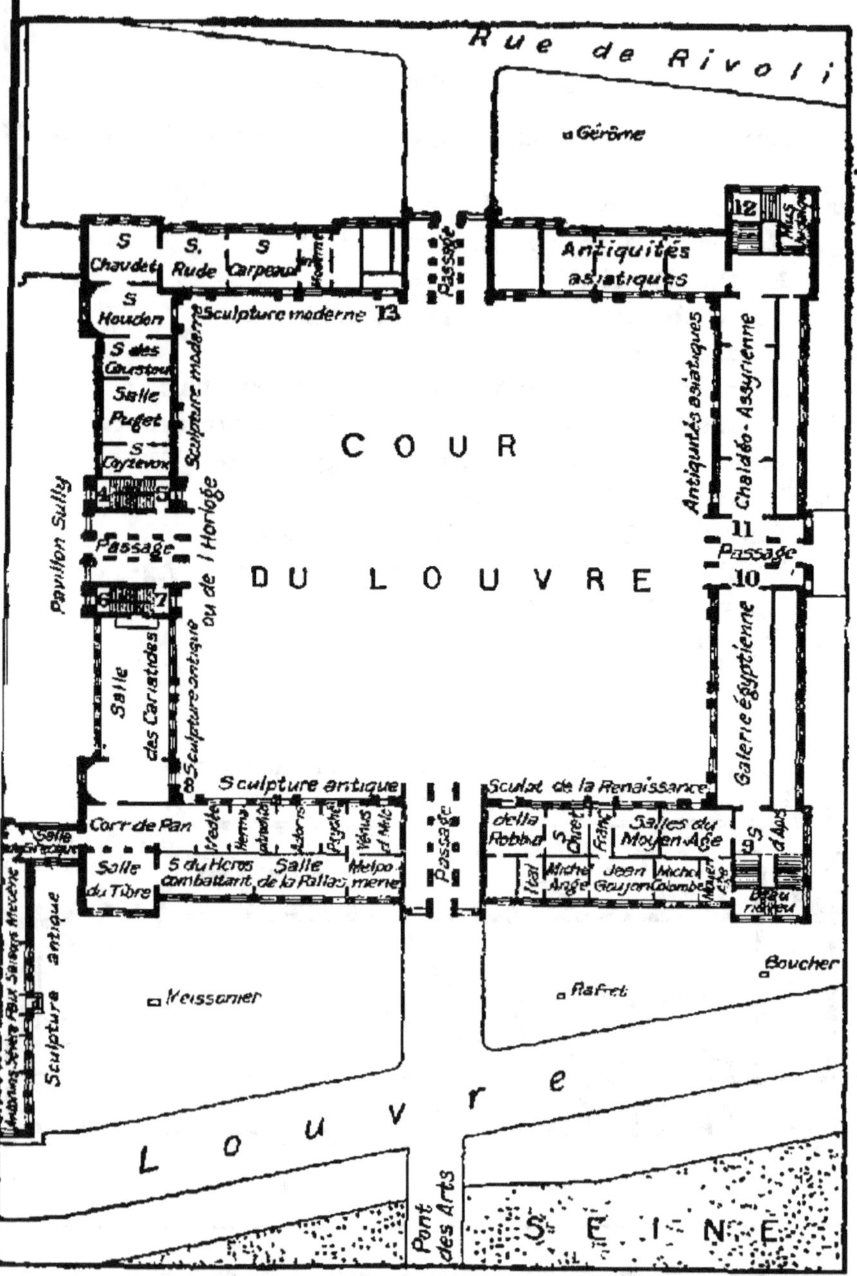

Rue de Rivoli
Gérôme
S Chaudet
S. Rude
S Carpeaux
S Houdon
Sculpture moderne
Sculpture moderne 13
S des Coustou
Salle Puget
S Coyzevox
Pavillon Sully
Passage
Salle des Caristides
Sculpture antique ou de l'Horloge
Antiquités asiatiques
12
Antiquités asiatiques
Chaldéo-Assyrienne
11
Passage
10
Galerie égyptienne
COUR
DU LOUVRE
Sculpture antique
Corr de Pan
Salle du Tibre
S du Héros combattant
Salle de la Pallas
Melpomène
Vénus de Milo
Psyché
Isidoris
Diane
Hermès
Cnidienne
Venus
Passage
Sculpt de la Renaissance
della Robbia
Ican
S Chuvet
Feme
Michel Ange
Jean Goujon
Michel Colombe
Salles du Moyen Age
d'Apis
Barye
ridiqué
Sculpture antique
Meissonier
Rafet
Boucher
L   o   u   v   r   e
Pont des Arts
S E I N E

PREMIER ÉTAGE.

14. Escalier Mollien.
15. Entrées principales.
16. Escalier Henri IV.
17. Escalier Henri II.
18. Escalier du Musée assyrien.
19. Escalier du Musée égyptien.
20. Escalier conduisant à la Collection Chauchard.
21. Petit escalier du 2e étage.
22. Salle de vente des Photographies.
23. Salle Duchâtel.

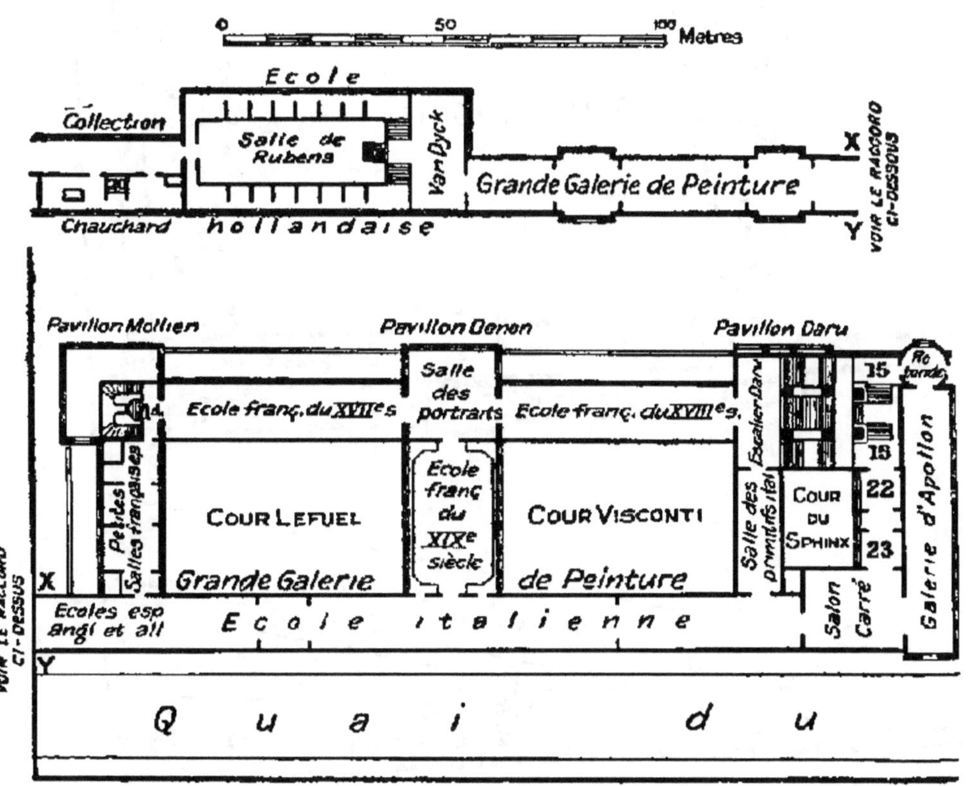

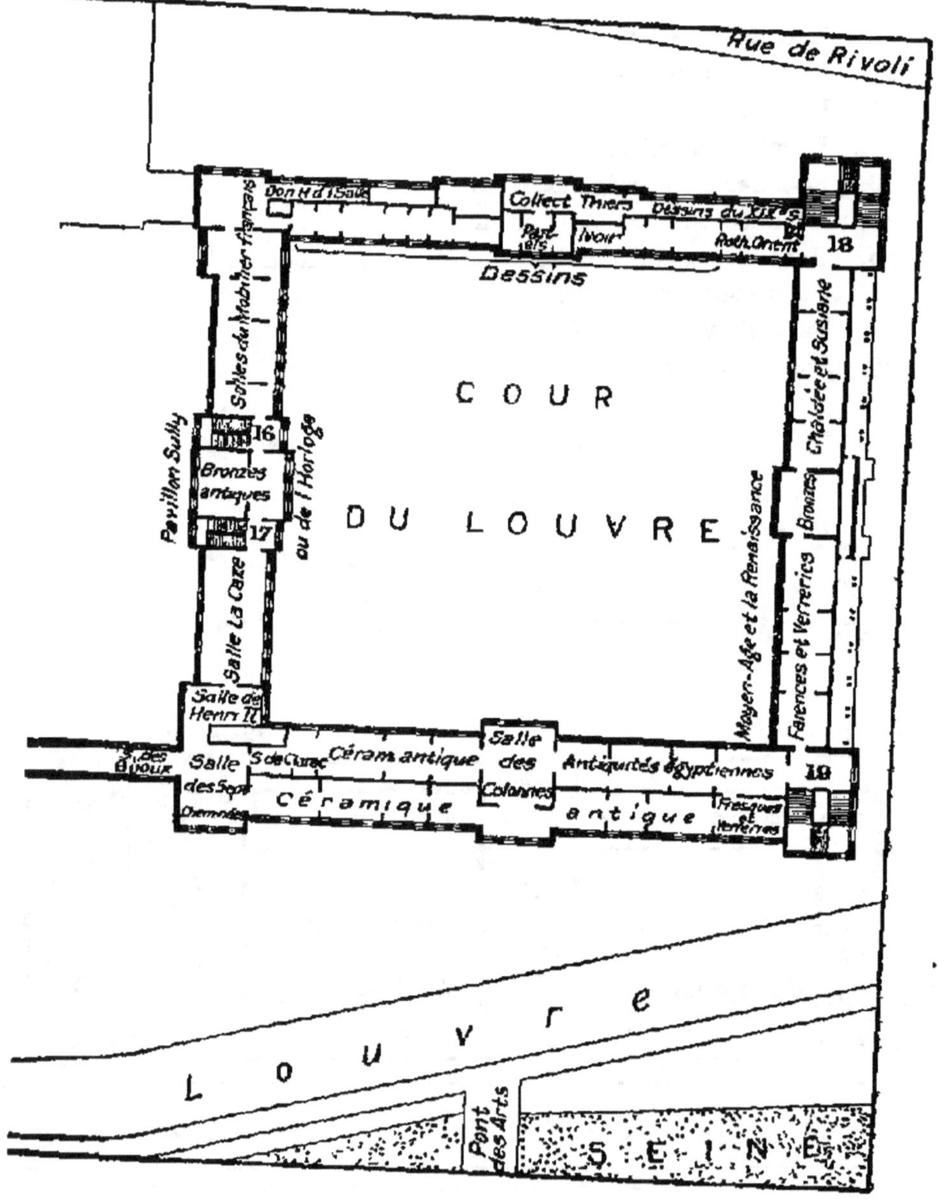

Rue de Rivoli
Don H.d l Sale
Collect Thiers
Dessins du XIX.S
Port. 1815
Ivoir
Roch. Orient
18
Dessins
COUR
DU LOUVRE
Salles du Mobilier français
Pavillon Sully
ou de l'Horloge
16
Bronzes antiques
17
Chaldée et Susienne
Salle La Caze
Bronzes et Verreries
Moyen-Âge et la Renaissance
Faïences et Verrerie
Salle de Henri II
Salle des Sept Cheminées
Bijoux
S.de Clarac
Céram. antique
Salle des Colonnes
Antiquités égyptiennes
19
Céramique
antique
Fresques et Verreries
Louvre
Pont des Arts
S E I N E

INDEX DU TEXTE

INDEX DES PLANS EN COULEURS

Les sections du Plan-Détaillé sont divisées en carrés. Pour trouver un nom, voir la lettre majuscule dans le haut et la lettre minuscule sur le côté de la carte. Le chiffre donne le numéro de la carte dans l'atlas.

Abréviations :—av., avenue; bd., boulevard; faub., faubourg; pl., place; r., rue; sta., station.

Cité, Île de la . . L g 35
Cité, quai de la . . L g 35
Clamart, r. de . . F i 40
Claude-Bernard, r. . L i 43
Claude-Decaen, r. et sta. . . . Q j 45
Claude-Lorrain, r. . D i 39
Claude-Vellefaux, r. N d 28
Clauzel, r.. . . K d 26
Clavel, r. . . . O e 28
Clément, r. . . F a 24
Cler, r. . . . H g 33
Cléry, r. de . . L e 35
Clichy, av. de . . I b 25
Clichy, bd. de . . K c 26
Clichy, pl. de . . J c 26
Clichy, porte de . I b 25
Clichy, r. de . . J d 26
Clichy, sta. de . . G a 24
Clignancourt, porte de L a 26
Clignancourt, r. de . L c 27
Clisson, r. . . N j 43
Cloys, r. des . . K b 26
Cluny, musée de . L h 34
Cochin, hôpital . . K j 42
Colbert, École . . M c 27
Colisée, r. du . . I e 33
Collange, place . . G a 24
Collange, r. . . G a 24
Colombes, r. de, Cour-bevoie . . . D a 23
Colombes,r.de,Puteaux B c 22
Colonies Ministère des I h 33
Comédie-Française (Théâtre-Français) . K f 34
Comète, r. de la . I g 33
Commerce, École de . O f 36
Commerce, etc., minis-tère du . . . J g 34
Commerce, pl. du . G i 40
Commerce, r. du . G h 33
Commerce, tribunal de L g 35
Commines, r. . . N f 35
Compans, r. . . P d 28
Concorde, pl. de la . J f 34
Concorde, pont de la . J f 34
Concorde, r. de la . P c 28
Condé, r. de . . K h 34
Condorcet. . L d 26-27
Condorcet, Lycée . J e 26
Conférence, quai de la I f 33
Conflans, pont de . Q l 45

Conservatoire, carrefour de la . . . S k 45
Conservatoire-de-Mus. L e 35
Constantine, r. de . I g 33
Constantinople, r. de . I d 25
Conti, quai de . . K g 34
Convention, r. de la . F i 40
Copernic, r. . . G e 32
Coquillière, r. . . K f 34
Corbeau, r. . . N e 35
Cormeilles, place de . F b 24
Cormeilles, r. de . F b 24
Cortambert, r. . . F f 32
Corvisart, r. . . M k 43
Côteaux, gare des . A g 30
Côte-d'Or, r. de la . M h 35
Cotentin, r. du . I j 41
Cotte, r. de . . O h 36
Courbevoie, pont, de . E b 23
Courbevoie, station de C a 23
Courcelles, bd. de . H d 25
Courcelles, porte de . G c 24
Courcelles, r. de . G b 24
Courcelles, sta. de . H c 25
Cour-des-Comptes . J f 34
Couronnes, r. des . O e 36
Cours-la-Reine . . I f 33
 maintenant Albert 1er, cours
Courses, sta. des . A f 30
Courtois, r. . . R b 29
Crédit-Foncier . . J e 34
Crédit-Lyonnais . K e 34
Crimée, r. de . . O c 28
Croix-des-Petits-Champs, r. . . . K f 34
Croix-Nivert, r. de la . G i 40
Croulebarbe, r. . . L j 43
Crozatier, r. . . O h 36
Cugnot, r. . . N b 27
Cuirs, Halle-aux- . . M i 43
Cujas, r. . . . L h 34
Curial, r. . . O b 28
Custine, r. . . L c 27
Cuvier, r. . . M i 35
Cygnes, allée des . F h 32

Dagorno, r. . . Q i 45
Daguerre, r. . . J j 42
Dames, r. des . . J c 26
Damesme, r. . . M l 43
Damrémont, r. . . K b 26
Danton, r., Courbevoie B a 22

Édimbourg, r. d' . J d 25
Égalité, r. de l' . E l 39
Église, pl. de l' . R b 29
Église, r. de l' . G i 40
Eiffel, Tour . G g 32
Élysée, Palais de l' . I e 33
Élysée, r. de l' . I e 33
Elzévir, r.. . M g 35
Emeriau, r. . F h 32
Émile-Augier, bd. . E f 32
Émile-Augier, r. . Q c 29
Émile-Muller, r. . P l 44
Émile-Zola, av. . G h 32
Émile-Zola, r. . S h 37
Enfer, pass. d' . K j 42
Enfants-Assistés, hospice des . K j 42
Enfants-Malades, hôpital des . I i 33
Enghien, r. d' . L e 35
Entrepreneurs, r. des . G i 40
Entrepôt, r. de l' . N e 35
Entrepôt, r. de l', Charenton . Q l 45
Épargne - Postale, Caisse d' . J h 33
Épinettes, r. des . J b 26
Erard, r. . P i 36
Erard, salle . L f 34
Erlanger, r. . D i 31
Ernest-Renan, r. . F k 40
Escudier, r. . B i 38
Espagne, Ambassade d' I d 25
Espagnole, Cha. . H e 25
Esquirol, r. . M j 43
Est, gare de l' . M d 27
Est, r. de l' . F d 24
Estrées, r. d' . I h 33
États-Unis, pl. des . G f 32
Etex, r. . J b 26
Étienne-Dolet, r. . A e 30
Étienne-Marcel, r. . L f 35
Étoile, pl. de l' . G e 32
Étrangères, ministère des Affaires . I f 33
Eugène-Caron, r. . C a 22
Eugène-Sue, r. . L b 27
Euler, r. . H e 33
Europe, pl. de l' . J d 26
Évangile, r. de l' . N b 27
Exelmans, bd. . D i 39
Eylau, av. d' . F f 32

Fabert, r. . I g 33
Faidherbe, av. . R d 29
Faidherbe, r. . O h 36
Faisanderie, r. de la . E f 32
Falguière, r. . I j 41
Faraday, r. . G d 24
Faubourg-du-Temple, r. du . N e 35
Faubourg-Montmartre, r. du . L e 26
Faubourg-Poissonnière, r. du . L d 27
Faubourg-Saint-Antoine, r. du . O h 36
Faubourg-Saint-Denis, r. du . M e 35
Faubourg - Saint - Honoré, r. du . H e 25
Faubourg - Saint -Jacques, r. du . K j 42
Faubourg-Saint-Martin r. du . M e 35
Favorites, pass. des . H j 41
Fazillau, r. . G b 24
Fécamp, r. de . Q j 45
Fédération, r. de la . G h 32
Félicien-David, r. . E h 32
Félicité, r. de la . I c 25
Félix-Faure, av. . F i 40
Fénelon, Lycée . I d 25
Fer-à-Moulin, r. du . M j 43
Ferme, r. de la . C d 23
Fessart, r. . P d 28
Fêtes, pl. des . P d 28
Feuillantines, r. des . L i 42
Ficatier, r. . D b 23
Filles-du-Calvaire, r. des . N f 35
Flandre, pont de . O b 28
Flandre, r. de . O b 28
Flandrin, bd. . E e 32
Fleurs, cité des . J b 25
Fleurs, quai aux . L b 35
Fleurus, r. de . J h 34
Folie, Île de la . B e 30
Folie-Regnault, r. de la P g 36
Folie-Méricourt, r. de la N f 36
Folies-Bergère, théâtre des . L e 26
Folies-Dramatiques (théâtre) . M e 35
Fondary, r. . G h 33

P

PLANS

TABLE DES MATIÈRES

THE TEMPLE PRESS—IMPRIMERIE DE LETCHWORTH, ANGLETERRE

COLLECTION
GALLIA

COLLECTION
GALLIA

COLLECTION GALLIA

S'adresse non seulement au public français, mais au public Européen, et des deux Amériques. Elle donnera, à la fois, les œuvres maîtresses de la littérature classique et contemporaine.

PARUS

À PARAITRE PROCHAINEMENT